4·16구술증언록 단원고 2학년 7반 제1권

그날을 말하다

준우 아빠 이수하

4·16구술증언록 단원고 2학년 7반 제1권

그날을 말하다

준우 아빠 이수하

4·16기억저장소 기획 편집
(사) 4·16세월호참사가족협의회 지원 협조

한울

일러두기

1. 음절로 식별 가능한 소리를 들리는 대로 전사하는 것을 원칙으로 한다.
2. 의미를 파악하기 위해 추가 설명이 필요할 경우 [ ]로 표시한다.
3. 몸짓, 어조 등 비언어적 행위는 ( )로 표시한다.
4. 구술자가 말을 잇지 못해 말줄임표를 사용하는 경우 ……, …로 길고 짧음을 표시한다.
5. 비공개 영역은 〈비공개〉로 표시한다.
6. 비공개해야 하는 희생자 형제자매의 이름은 ○○, △△ 등의 도형기호로, 생존자의 이름은 A, B, C 등 알파벳 대문자로 표시한다.
7. 비공개해야 하는 제3자는 직분이나 소속, 성만 공개하고, 이름은 ××로 표시한다. 비공개해야 하는 숫자는 자릿수에 상관없이 □로 표시하며, 지명은 □□로 표시한다.

책머리에

4·16기억저장소에서는 세월호 참사 5주기를 맞아 구술증언 수집 사업의 결과물 일부를 100권의 책으로 발간하게 되었습니다. 이 사업은 2015년 6월부터 다양한 학문 분야 구술 연구자들의 자발적인 참여로 진행되어 왔으며, 세월호 참사를 좀 더 정확하고 다각적으로 기록하고 기억하고자 하는 노력의 일환으로 수행되었습니다.

2014년 참사 발생 이후, 참사 피해자들의 목격담과 경험은 안타깝게도 공식적인 국가기관과 언론의 기록 속에서 철저히 소외되거나 왜곡되었습니다. 그것은 세월호 참사가 우리에게 안긴 죽음과 고통의 충격만큼이나 우리 사회의 끔찍한 비극이었습니다. 따라서 사업을 진행하면서 세월호 참사 희생자 가족, 생존자, 생존자 가족, 어민, 잠수사, 활동가, 기자 등등, 참사의 초기 과정을 직접 경험한 분들의 증언을 우선적으로 수집했습니다. 구술자는 이 사업의 취지와 방식에 개인적으로 동의한 분 중에서 선정했으며, 참여 과정에 어떠한 금전적 보상이나 이익이 제공되지 않았습니다. 또한 구술증언 수집 사업을 진행하는 동안, 면담자는 연구자이자 참사를 겪은 공동체 시민으로서 최대한 윤리적이고자 노력했습니다.

구술자마다 매회 약 2시간씩 3회를 원칙으로 음성 녹취와 영상 촬영을 하는 방식으로 진행되었고, 증언의 일관성을 확보하기 위해 면담자는 큰 틀에서 공통 질문지를 사용했습니다. 공통 질문지의 내용은 참사와 구술자 간의 관계성에 따라 차이가 있지만, 유가족 구술의 경우 1회차 '참사 이전의 삶, 팽목항과 진도에서의 경험, 자녀에 대한 기억'을, 2회차 '참사 이후 투쟁과 공동체 활동 경험'을, 3회차 '참사 이후 개인 및 가족이 경험한 삶의 변화와 깨달음, 자녀의 현재적 의미'를 중심으로 했습니다. 이처럼 증언 내용은 참사 이전에서 시작해 참사 발생 당시의 경험과 이후의 변화 과정까지 폭넓게 수집했고, 면담자는 구술 채록 과정에서 구술자의 발화를 최대한 존중하고자 했으며, 무엇보다 각자의 특수한 경험과 다른 시각을 충실히 반영하고자 했습니다.

이 구술증언록의 발간을 위해, 채록된 음성 자료는 문서로 변환해 구술자와 함께 검토했고, 현재 시점에서 공개할 수 있는 영역과 할 수 없는 영역으로 구별했습니다. 따라서 책에 실린 내용은 모두 구술자로부터 공개를 허락받은 부분입니다. 비공개 영역은 추후 구술자의 동의를 받아 적절한 절차를 거쳐 추가로 공개될 수 있으리라 생각합니다.

이 구술증언록 100권에는 그동안 우리 사회에 왜곡되어 알려지거나 잘 알려지지 않았던, 참사 발생 직후 팽목항과 진도 혹은 바다에서의 초기 상황에 관한 중요한 증언이 포함되어 있습니다. 또한, 자녀를 잃는 잔인하고 애통한 상황을 겪으면서도 그 누구보다 강인한 정치적 주체로 성장할 수밖에 없었던 유가족의 마음과 경험을 구체적으로, 그리고 여러 각도에서 살펴볼 수 있습니다. 그 외에도, 이 구술증언록은 2014년을 전후한 한국 사회의 여러 측면을 드러내는 귀중한 자료가 되리라고 생각합니다. 무엇보다 국내외의 많은 분이 이 책을 읽어, 장차 세월호 참사의 진상 규명과 역사 서술에 기여할 수 있기를 바랍니다.

구술증언 수집 사업이 진행되고, 책으로 출간되기까지 많은 분의 도움과 지지가 있었습니다. 이 지면을 빌려 부족하나마 감사의 말씀을 전하고자 합니다.

먼저 (사)4·16세월호참사가족협의회와 4·16기억저장소에 감사를 드립니다. 이분들의 신뢰와 적극적인 협조가 없었다면, 이 사업은 처음부터 시작할 수조차 없었을 것입니다. 또한 어려운 정치 환경 속에서도 사업의 취지에 공감해 재정 지원을 결정해 준 아름다운가게와 역사문제연구소에 감사드립니다. 두 단체 덕분에, 이 사업을 4년 동안 계속해 올 수 있었습니다. 그리고 구술증언록 100권의 발간에 동의하고, 바쁜 일정에도 출판 실무를 기꺼이 맡아주신 한울엠플러스(주)에도 감사를 드립니다. 이 외에도 많은 개인과 단체가 직간접적으로 많은 도움을 주시고 격려해 주셨습니다. 여기에 모두 밝히지 못하는 것을 죄송하게 생각합니다.

말할 필요도 없이, 가장 크고 또 가슴 아픈 감사는 구술자 한 분 한 분께 드리고자 합니다. 이 책이 발간될 수 있었던 것은, 무엇보다 용기를 내어 아픔과 고통의 기억을 다시 떠올리고 장시간 진심으로 이야기를 해주신 구술자가 있었기 때문입니다. 오랜 시간 이야기를 나누며 함께 공감하기도 했지만, 그 아픔과 고통을 어떻게 가늠할 수 있을까 싶습니다. 더 큰 도움이 되지 못함을 안타까워하며, 이 구술증언록 100권의 발간이 피해자분들에게 조금이라도 위로가 될 수 있기를 기원합니다.

2019년 4월

4·16기억저장소 구술팀 책임자
서울대학교 인류학과 교수 이현정

차례

■ 1회차 ■

■ 2회차 ■

■ 3회차 ■

준우 아빠 이수하

구술자 이수하는 단원고 2학년 7반 고 이준우의 아빠다. 멀티미디어 분야에 관심이 있었고 수학에 재능을 지녔던 준우는 친구들과 우정도 매우 돈독한 아들이었다. 참사 이후 아빠는 같은 아픔을 겪고 있는 유가족을 만나면서 아들의 대견한 면모를 새롭게 알게 되었다. 아빠는 준우를 기억하기 위해 준우의 친구 부모님들과 준우와 친구들의 이름으로 사회활동을 하는 것을 고민하고 있다.

이수하의 구술 면담은 2015년 11월 15일, 19일, 22일, 3회에 걸쳐 총 4시간 동안 진행되었다. 면담자는 손동유, 촬영자는 윤보라·김재중이었다.

구술자 본인의 프라이버시나 제3자의 프라이버시를 보호해야 할 부분을 제외하고는 구술자의 발화를 있는 그대로 전사했다.

1회차

2015년 11월 15일

1 시작 인사말

2 구술 참여 동기 및 근황

3 안산 정착 과정

4 준우에 대한 기억들

5 수학여행 전후의 상황

6 참사 당일의 기억

7 마무리

1
시작 인사말

면담자 　본 구술증언은 4·16 사건에 대한 참여자들의 경험과 기억을 기록으로 남김으로써 이후 진상 규명 및 역사 기술에 기여하고자 합니다. 지금부터 이수하 씨의 증언을 시작하겠습니다. 오늘은 2015년 11월 15일이며, 장소는 안산시 단원구 글로벌다문화센터입니다. 면담자는 손동유이며, 촬영자는 윤보라입니다.

2
구술 참여 동기 및 근황

면담자 　안녕하세요. (준우 아빠 : 예, 안녕하세요) 어려운 시간 내주셔서 감사합니다.

준우 아빠 　멀리서 와주셔서 고맙습니다.

면담자 　별말씀을요. 인터뷰 시작하기 전에도 한 번 여쭀었는데요, 구술증언에 참여하시게 된 이유나 동기가 있으신가요?

준우 아빠 　예, 이게 아이들에 대한 기억을 그리고 진상 규명 과정에서 정부의 문제점들을 이런 기록으로 남기지 않으면 시간이 지나면서 다 잊혀져 버리지 않을까 싶어서 책이 됐든 영상이 됐든 자료로 남기고 싶은 마음이 많더라고요. 그래서 수시로 한 번씩 그 과정을 되새겨 보면서 아이를 기억해 주고, 우리가 잘못했던 것도, 정부가 잘못했던 거를 계속 마음속에 새겨 넣는 게 부모로서 어른으로서 해야 될 일 같더라고요. 그래서 참여하게 됐습니다.

면담자　예, 고맙습니다. 이 구술증언이 여러 사람들에게 보이거나 연구 자료로 사용되는 것에도 동의하시나요?

준우 아빠　예, 동의합니다.

면담자　4·16 참사 이후에 여러모로 힘드시고 바쁘셨겠는데, 요즘에는 주로 어떻게 지내시는지 근황을 먼저 여쭙겠습니다.

준우 아빠　예, 제가 직장생활을 2014년 11월 달까지, 사고 이후에 실제 출근은 못 했지만 직장 관계를 유지하고 있다가 도저히 정상적인 직장생활을 하기가 어렵겠더라고요. 왜냐하면 아직도 아이들 문제가 아무것도 정리가 안 된 상태에서 일상으로 돌아간다는 게 사실 불가능할 거 같아서 사직을 하고 개인적인 거 조금 자유로운 그런 사업을 하나 시작했습니다. 조그마하게 해가지고 지금 사무실 하나 내서 그 활동을 하고 있습니다.

면담자　그러시군요. (준우 아빠 : 예) 생업을 하셔야 되니까. (준우 아빠 : 예, 그렇지요) 직장생활은 아무래도 어려우시고 하니까 조그맣게 사업체를 시작하셨군요.

준우 아빠　뭐 생업도 생업이지만 유가족들의 삶이라는 게 사실은, 그런 걸 저는 2차 피해라고 말씀을 드리거든요. 왜냐하면 1차 피해는 아이를 잃은 게 1차 피해고 2차적인 피해는 '가족들 삶이 굉장히 피폐해지고 있다'라는 생각이 들더라고. 그거는 일상으로 돌아가기도 어렵고 그렇다고 모든 거를 진상 규명을 위해서 또는 아이들을 위해서 계속 싸울 수도 없는 어떤 상황이 그렇게 만들어진 거지요. 그래서 지금도 많은 유가족들이 술에 의존하거나 그런 분들이 굉장히 많을 거라고 보거든요. 그래서 그거는 '시간이 조금 더 지나면 지날수록 자신을 학대하면서 굉장히 피폐하게 살지 않겠나' 싶은 게 제 생각이고. 그래서 직장이라는 개념이 어떤 생업에 대한 그런 목적도 있겠지만 그래도 정상적인 사이클을 하고 싶은 거지요. 사실은 그래서 좀 피폐해지지 않으려고 하는 거, 일종의 몸부림이라고 해도 될 거 같습니다.

면담자 빨리 일상으로 돌아오셔야 될 텐데 어려우시지요. 이따가도 여쭙겠지만 『금요일엔 돌아오렴』에 어머님 인터뷰하신 자료가 나왔는데요. 어머님은 직장생활을 하고 계신다고 들었습니다.

준우 아빠 한두 달 전에 사직을 하고 제 사무실에, 제가 하는 일이 좀 사무적인 일이 필요해 가지고 집사람보고 일단 거기 나와서 도와달라고 했습니다. 그리고 '둘이 같이 있는 게 좋지 않을까' 싶은 생각이 들어가지고 나와서 자료 정리 좀 해주고 그런 거 해달라고 제가 요청을 드려놓은 상태입니다.

면담자 같이 일하시면 좋은 점도 있고 (준우 아빠 : 나쁜 점도 있겠지요) 잘되셨으면 좋겠습니다.

준우 아빠 고맙습니다.

면담자 직업 관계 말씀이 나와서 자료를 보다 보니까 2014년

봄 즈음에는 미국에 출장을 자주 다니셨다고 되어 있는데요, 어떤 일에 종사하셨던 건가요?

준우 아빠 조그마한 중소기업의 관리팀장으로 재직을 하면서 미국에 공장을 하나 짓게 됐어요. 그래서 미국인들 교육도 시키고 설비 관리도 하고 이런 목적으로 최근 2010년부터 한 2년 정도 미국 생활을 했거든요. 출장 횟수가 잦다 보니까 누적 통계로 보면 한 2년 정도 되겠더라고. 그래서 그 과정에서 아이들하고 같이하지 못한 시간들이 굉장히 그게 아쉽더라고. 그래서 제가 미국 생활을 장기간 3개월 다니고 체류하면서 가장 절실했던 것이 "한국에 돌아가면 아이들하고 좀 많은 시간을 보내야 되겠다" 그런 낙서를 많이 했는데 막상 한국에 들어오면 실행하기가 어려워지는 상황이 계속 연출되더라고. 그 참사가 나고 나서는 그런 것들이 더 아쉬움으로 남더라고 그게.

3
안산 정착 과정

면담자 안산에는 언제부터 사신 건가요?

준우 아빠 저는 1991년도에 들어왔고요. 집사람을 만난 게 94년도, 95년도 정도에 만나가지고.

면담자 안산에서요?

준우 아빠 안양의 지인분 댁에 놀러 갔다가 거기 합류하게 된 여성 팀들하고 어떻게 연이 돼가지고 거기서 연애를 한 2년, 3년간 하다가 여기 안산에서 결혼하게 됐습니다.

면담자 그러셨군요. 안산에는 직장 관계로 91년에 오신 건가요? 아니면 가족분들하고 같이 오셨나요?

준우 아빠 직장 때문에.

면담자 아까 소개하신 그런 직장이 여기 안산에 자리가 있었군요. (준우 아빠 : 예) 고향은 어디세요?

준우 아빠 경상북도입니다. 근데 제가 자란 곳은 경기도 성남에서 자랐고요. 초등학교 어릴 때 올라와 가지고 학교생활을 이렇게 성남에서 했으니까 친구들도 대부분 성남에 있는데. 사실은 성남에서 친구들하고 매일 어울려 다니고 이런 생활이 싫어서 '혼자서 떨어져 가지고 뭔가 해봐야 되겠다' 싶어서 안산으로 도망 오다시피 왔거든요. 정착하게 된 동기가 그런 데 있습니다.

면담자 일종의 새로운 도전을 하신 거군요. (준우 아빠 : 예) 직업 관계로는 만족하셨어요? 처음에 생각하셨던 것처럼 잘 지내게 되셨나요?

준우 아빠 아마도 내 나이 또래의 사람들은 다 그런 후회를 할 거예요. 왜냐하면 그때 91년도면 제가 군대 제대하고 막 사회에 첫발을 디딜 시기였는데, 그게 더 공부를 하고 더 어떤 스펙을 쌓아가지고 좀 더 값진 일, 좀 더 좋은 일을 했어야 되는데 그러지 못하고 당시에 돈을 추구하다 보니까 지금 나이까지 돼버린 거잖아요. 그런 거 좀 아쉽더라고. 그래서 공부를 더 했어야 되지 않나 싶더라고.

면담자 그런 아쉬움이 있으시군요. (준우 아빠 : 예) 출생 연도는 언제신가요?

준우 아빠 68년생입니다.

4
준우에 대한 기억들

면담자 SNS를 통해 준우와 친구들 영상을 보게 됐어요. 준우와 얘기도 많이 나누고 그랬었는데, 영상에 나온 친구들과 그렇게 친한지는 잘 모르셨었다고 하셨잖아요? 참사 이후에 준우 친구들의 부모님들과 가까워진 과정을 소개해 주셨으면 좋겠습니다.

준우 아빠 예, 사고 나고 집사람이 "준우한테도 친구들이 있었구나" 이걸 팽목항에서 깨닫고 한번 찾아봤어요, 준우 친구 부모님들을. '혹시나 준우 친구들은 살아 있지 않을까' 이런 기대감으로 찾아봤는데 친했던 친구들도 역시나 다 배에 타가지고 못 돌아오게 됐더라고. 근데 아이를 찾고 올라와 가지고 아이의 컴퓨터를 보게 되고, 외장하드라든가 아이가 저장해 놓은 그런 걸 보게 됐는데 그 안에 아이가 같이 동영상 촬영도 하고 같이 어울렸던 그런 친구들에 대한 기록이 많이 있더라고 생각보다. 그래서 '아, 우리 아이가 이렇게 친한 친구들이 많았구나. 그리고 친한 친구들하고 이러이러한 활동을 했구나' 그때서야 알게 됐지요. 그래서 제안을 했습니다. "우리 아이들이 살아생전에 이렇게 친하고 잘 지냈는데 우리 부모들도 같이 모여서 아이들 기억하면서 그렇게 지내보자. 그래서 그냥 단순히 만나는 거 이상으로 좋은 일도 해보고 아이들 이름으로 좋은 일을 하면서 만나는 게 더 보람 있지 않겠냐" 이래 이제 시작하게 되었고. 초기에는 일단은 아이들 이름으로 못사는 나라의 아이들 또는 한국의 아이들한테 후원을 조금씩 하고 그 이후에는 어떤 사업을 한번 해보자, 봉사활동을 할 수 있는 사업이라든가 이런 걸 지금 구상하고 있습니다.

면담자 올해 4월 언론 보도 보니까 '초록우산 어린이재단' 후원을 다섯 가족이 하시기 시작했다고 나와 있네요.

준우 아빠 예, 고거는 좀 됐습니다. 2월 달부터인가 그렇게 진행이 됐어요.

면담자 보도가 4월에 나온 거지 이미 시작하셨군요. 기록을 남기는 차원에서 우리 준우 친구들 이름을 제가 적어 왔는데 확인해 주시겠어요?

준우 아빠 예.

면담자 최성호, 김건우, 이재욱, 김제훈.

준우 아빠 예, 맞습니다.

면담자 이 아이들이 그렇게 친했다는 거지요? (준우 아빠 : 예) 영상을 그렇게 공개해 주셔서 잊고 사는 사람들한테도 큰 도움이 됐던 거 같습니다.

준우 아빠　　'부모들 마음이 다 그렇지 않겠나' 싶은데요. 우리 아이들이 사실은 꽃을 못 피우고 갔잖아요. 그래서 부모로서 많이 알리고 싶은 마음들은 있거든요. 누구나 그래서 그게 부모가 어디 알려지기보다, 나를 통해서 아이들에 대한 기록이나 영상이나 이런 걸 많이 내보내고 싶더라고. 사실 그래서 많은 사람들이 봐줬으면 하는 그런 부모의 욕심이 있습니다.

면담자　　가족 이야기 조금만 더 여쭤보겠습니다. 준우 동생이 ○○이라고 알고 있는데 돌림자는 안 쓰셨나요?

준우 아빠　　예, 원래 돌림자를 쓰면 '식' 자 돌림을 써야 되는데 조금 촌스럽더라고요. 그래서 따로 작명소나 이런 데다 의뢰를 해가지고 지었습니다.

면담자　　○○이는 지금 몇 학년이에요?

준우 아빠　　중3입니다.

면담자　　중3이요? (준우 아빠 : 예) 많이 힘들어했지요?

준우 아빠　　지금도 내색을 안 하더라고. 내색을 안 하는 거는 아이들의 공통점 같아요. 사고당한 형제자매들의 공통점이, 제가 아는 분들한테 여쭤봐도 "아이들이 전혀 내색을 안 한다. 그리고 유가족이라는 걸 기피하고 싶어 한다. 그런 장소에 가고 싶지 않다" 이런 게 공통점인 거 같더라고. 지금도 여기 분향소를 못 가고 추모공원을 안 가려고 그러더라고. 그래서 그런 거 보는 자체가 아마도 심리적인 큰 부담이 되는 거 같아요. 아이들이[에게] 처음에는 뭣 모르고 “왜, 형아 있는 데 가보지 않겠냐” 막 이렇게 강제로 얘기를 했었는데 그거는 옳은 게 아닌 거 같더라고. ‘아이가 스스로 갈 때까지 그냥 두는 게 맞지 않겠나’ 싶어서 지금은 강요를 안 하고 있습니다.

면담자 본인이 먼저 말 꺼내는 법도 없고요?

준우 아빠 예, 되도록 얘기를 안 하더라고.

면담자 아직 어린데 속이 어떻나 싶네요.

준우 아빠 근데 수시로 보면 얘도 세월호 사고에 대한 걸 핸드폰에 검색을 하고, 재판 과정도 관심을 가지고 있고 그런 거는 언뜻언뜻 보이더라고. 전혀 관심이 없는 게 아니고 내색만 안 하려고 하는 거지 가지고 있는 거 같아요.

면담자 준우 이야기 좀 여쭤보겠습니다. 준우가 보안 전문가가 되고 싶어 했다는 대목이 있던데요. 어린 시절에 준우는 어떤 아이였나요?

준우 아빠 아이들이 97년생이에요. IMF 터지기 직전에 태어난 아이들이고. 아마 저[준우]뿐만이 아니고 유년기 시절을 불우하게 보낸 아이들이 굉장히 많은 거 같더라고요. 저 역시도 [준우가] 97년도에 태어나고 98년도에 IMF가 오면서 회사가 부도가 나고 집이 경매가 들어가는, 아주 신혼 초기에 좀 혹독한 시간을 보내게 됐거든요. 그래서 태어난 아이가 돌 조금 지나가지고 남의 손에서 자랐지요. 저기 처남댁, 제 처남이 의정부에 있었는데 처남댁이 좀 키워주다가 나중에는 구미 저기 울산에 있는 고모가 쭉 키워주다가.

면담자　　준우의 고모님이요?

준우 아빠　　예, 저한테 누님이지요.

면담자　　아버님 누님이 키워주신 거군요.

준우 아빠　　예, 시골에 할아버지, 할머니 손에서 쭉 크다가. 그래서 어릴 때 부모 정을, 사실은 아기 때지요, 많이 못 봤고 좀 떠돌게 됐어요. 집사람하고 가장 가슴 아프게 생각하는 부분이고. 어쨌든 그래서 올라와 가지고 나중에는 직장을 가지고 활동을 하면서 집에 다 데려다 키우는데 그래도 안산이라는 데가 맞벌이가 많거든요. 둘이서 직장을 나가게 되면 준우가 나중에는 형님 역할을 톡톡히 하더라고. 동생 ○○이를 손잡고 다니면서 어린이집, 유치원 다니면서 보살펴 주고. 어릴 때부터 어떤 어깨에 짐을 지워준 거 같아요. 좀 미안하지만 착실하게 어른스럽게 잘해냈고.

면담자　　준우가 친척 집에 살던 기간이 어느 정도 됩니까?

준우 아빠　　정확한 개월 수는 모르겠는데 한 2년 정도 되지 않았나 싶어요.

면담자　　아이들 보면 하나씩 장기들이 있잖아요. 준우는 특기와 관련된 일화가 있나요?

준우 아빠　　만들기를 굉장히 잘했어요. 종이접기에 거의 뭐 수준급이, 걔가 나중에 종이접기가 얼마나 좋았으면, 그 책이 나오더라고요. 그 책을 사가지고 자기가 실제 만들어보고 이런 걸 하는데 학교에서도 조금 인기가 있었고. 중간중간에 자기가 마술을 배워가지고 공연도 한번 하고. 뭐 공부도 그렇고 뒤처지거나 아주 월등하거나 이런 정도는 아니었지마는 어느 정도 이렇게 학교생활이나 그런 걸 잘했던 거 같아요, 보면.

면담자 특별한 재주가 있었군요. 공부도 잘하는 편이었다고 들었는데요.

준우 아빠 중학, 뭐 초등학교 실력이야 항상 보면 뒤처지지 않을 정도였고. 중학교 가서도 내내 집사람하고 저한테 그러더라고. "엄마, 아빠, 중학교 때까지는 좀 놀아도 돼. 왜냐하면 공부는 고등학교 올라가서 해도 돼" 그러는 거예요. 그래서 "야, 그래도 중학교 때 기초가 확실하지 않으면 고등학교 올라가서 힘들어. 기초는 해놔야지" 그러면 "그 정도는 해요" 그러면서, 성적표를 보면 반에서 8등, 6등 어느 정도 순위 안에는 계속 유지를 하더라고. 그러니까 어느 정도 기본은 하고 있었던 거 같아요. 그리고 나는 그 말을 처음에는 어떤 저건 줄 알았어요. 아빠를 이해시키기 위한 그런 어떤 거짓말로 이해를 했었는데 실제 고등학교 1학년 올라가서부터는 공부를 그렇게 하더라고요, 머리 싸매고 이렇게 하더라고. 그래서 초기에 2013년 1학기 전국 모의고사에서는 자기가 두각을 못 나타냈다고 그러더라고.

근데 자신을 하더라고 "아빠, 2학기 되면 분명히 내가 학교에서 잡을 거야" 그래서 나도 그것도 뻥인 줄 알았어. 그런데 나중에 최근에 집사람이 학교 가가지고 담임선생님 책상에서 모의고사 성적표나 이런 걸 확인하게 됐는데 전국 단위로 보는 모의고사에서 전교 1등 정도의 수준이 되는 거 같더라고요, 국영수 해가지고. 제가 거기서 사진으로 그걸 가지고 왔는데 다른 부모들한테 그런 자랑을 하면 안 되잖아요. 다른 부모들은 또 아플 텐데…. 근데 자기 말처럼 실천을 하고 그렇게 했어요, 하고. 굉장히 공부를 잘했더라고. 생존학생 A라는 아이가 한 명 있거든요. A를 한번 만났어요. 만나가지고 "A야, 우리 준우가 어떤 아이였니?" 그러니까 "준우는요, 수학에 있어서는 우리 반의 멘토링이었다"고 그러더라고. 그리고 "선생님이 못 푸는 거를 준우가 나가서 풀어주기도 하고 그랬어요" 그렇게 얘기하길래 굉장히 자랑스럽더라고.

면담자 자기가 자기 계획을 갖고 있었던 아주 속이 꽉 찬 친구였네요.

준우 아빠 예. 그래서 목표로 했던 게 한양대 수학과 그런 쪽으로 해가지고, 나중에 보안 전문가를 선택한 동기도 나중에는 해커라든가 이런 해킹에 대한 방어 그런 거를 고민을 많이 하더라고. 그래서 그걸 국가 차원에서 이런 걸 양성화해야 된다, 보안에 대한 거를 그런 식으로 접근하길래, 처음에는 보안 전문가 그러기에 "이놈이 컴퓨터 좋아하니까 요런 얘기를 하는구나" 싶었는데 자기가 직업의식을 가지고 있었던 거 같더라고.

면담자 아빠나 엄마한테 그런 많은 얘기를 하는 청소년이었던 거 같아요.

준우 아빠 저하고는 대화가 그렇게… 뭐 제가 경상도 사람이라서 그런지 몰라도 좀 집에 가면 대화가 별로 없거든요. 근데 집사람은 준우하고 마치 친구처럼 둘이 앉으면 재잘재잘 시간 없이 그렇게 얘기들을 잘하더라고. 그래서 집사람이 역할을 잘했던 거 같아요. 안 그러면 집사람마저 대화가 없고 그러면 가정이 굉장히 침울하잖아요. 근데 아이들하고 그런 걸 굉장히 집사람이 잘했던 거 같아요.

면담자　　제 편견입니다만, 맏이들은 말수가 좀 적고 둘째나 막내가 얘기 많이 하고 이런 경우가 종종 있는데 우리 준우는 안 그랬나 봐요.

준우 아빠　　준우가 그렇게 했다기보다 엄마가 그렇게 많이 유도를 했던 거 같아요. 말 시키고 재밌게 말이 나오게끔 유도를 했던 거 같아요.

면담자　　예. ○○이는 집에서 말이 많은 편인가요?

준우 아빠　　(웃으며) 말 많지만 정반대의 성격이랄까요, 준우하고. 공부는 관심도 없고 공부에 대해서 안 하고 그러니까. 막내로서 응석이, 어리광이 많고 그래서 좀 많이 혼나지요. 주로 "형아는 저렇게 하는데 너는 왜 이렇게 하느냐?" 맨날 이렇게 비교가 되고 하니까 지는 그게 싫었던가 봐요.

면담자　　성격이 또 차이가 있군요. (준우 아빠 : 예) 준우 어렸을 때나, 학교 다닐 때 특별히 여행을 갔다거나 어떤 취미생활을 같이 했다거나 이런 경우들이 있으면 알려주세요.

준우 아빠　　제가 애들 초등학교 정도까지만 해도 산에를 수시로 데리고 다녔거든요. "운동을 해야 된다" 그래 가지고 제가 목말을 태우고 올라가기도 하고 그랬는데 일정 나이가 지나니까 같이 안 가려고 그러더라고, 우리 아이들뿐만이 아니고 공통적으로 다 그런 거 같더라고. 그래서 같이 그렇게 활동을 많이 하거나 그런 건 없었어요. 대신에 고향이 시골에 할아버지, 할머니가 계시다 보니까. 완도에 외할아버지, 외할머니 계시고 그래서 주로 시골을 다니면서 같이 차 안에서 있든가 오며 가면서 휴게소 들르고 그런 기억들은 많아도 여행을 아주 구체적으로 해보거나 그러지는 못 했던 거 같아요.

면담자 어머님 고향은 완도세요?

준우 아빠 외할머니지요, 외할머니. 집사람의 고향은 완도고.

면담자 그러니까 준우 어머님의 고향은 완도고 친가는 경상도? (준우 아빠 : 예) 그러면 좋은 여행을 많이 했겠는데요?

준우 아빠 (웃으며) 맞습니다.

면담자 네, 그럴 때는 손수 운전을 하셔서 차로 다니십니까? 아니면 대중교통으로 다니십니까?

준우 아빠 차로 많이 다녔지요.

면담자 차 안에서 여러 가지 얘기도 나누고요?

준우 아빠 예, 둘이서 집사람이 옆에 앉아서 계속 저하고 재잘재잘 얘기를 하면 준우는 그 얘기에 굉장히 귀를 기울이고 있더라고. 그래서 중간중간에 지가 궁금한 거 물어보기도 하고 "엄마, 그거 뭐야?" 이렇게.

면담자 어려서, 준우 키우시면서 호되게 혼내보신 기억 있으세요?

준우 아빠 많이 혼냈지요, 많이. 굉장히 지금 생각하면 너무 미안하고 그런 게 제가 고지식한 면이 있어서 "엄하게 키워야지 아이가 바로 큰다" 이런 사고방식을 가지고 있거든요. 엄하다는 기준이 사실은 내 기준이었지 결국은 보면. 그래서 "어디 가서 인사를 잘해라" 또는 "공중도덕을 잘 지켜라". 애기 때 이런 경우가 있었어요. 지금 생각하면 참 나도 '내가 좀 무지했다'는 생각이, 식당에 아이를 데리고 밥을 먹으러 갔는데 아장아장 기어 다닐 때니까 통제가 잘 안 되잖아요, 사실은. 이렇게 안고 있지 않으면 어디든지 기어 다닐 수 있는 그런 어린 나이에 식당을 막 휘젓고 다니는 게 너무 화가 나가지고 집에 와서 내가 그 애기 조금 지난 애를 혼을 냈어요. "그러면 안 된다. 남한테 피해 주면 안 된다" 그래서 굉장히 혼을 냈는데 지금 생각하면 참 내가 뭐 했는지 모르겠어, 그 애들이 말귀를 알아듣지도 못할 텐데. 한번은 직장에 있는데 전화가 왔어요, 학교에서. 고잔초등학교에 다닐 땐데. "아버님, 준우가 학교를 안 왔어요" 그러는 거야. 그래서 아이고 얼마나 당황돼요. 그래서 바로 차 몰고 집에 왔는데 없는 거지, 집에도 없는 거야. 그래서 통학 거리가 몇 걸음 안 되거든요. 그래서 거기를 한번 왔다 갔는데도 안 보여가지고 이거 혹시나 해서 집에 한번 들어가서 장롱 안을 봤더니 장롱 안에 숨어 있는 거야. 얘가 컴퓨터를 굉장히 좋아했거든요, 게임을 좋아하고 그러다 보니까 그날도 학교 간다고 나서놓고 학교 가기 전에 엄마, 아빠가 출근하고 나서 다시 들어와서 게임을 했나 봐요. 게임을 하다 보니까 시간 가는 줄 모르고 학교를 등교를 안 했던 거지요. 그래서 얼마나 이게 화가 나. 그래서 회초리도 때리고 '이걸 컴퓨터를 끊어야 되겠다, 이거 심각하다' 그래서 실제로 컴퓨터를 다 없애버렸어요. 없애버리고 나중에 다시 사줬지마는. 다시 사줘가지고 거실에다가 오픈된 장소에 놔두고 제한적으로 하루에 1시간, 2시간 이렇게 시켰는데, 그런 것도 그렇게 할 필요가 없었는데. 사실은 때 되면 자기가 절제를 하더라고. 그게 강제를 해서 될 일은 아닌 거 같아요.

면담자 결국 준우 잘 크라고 혼을 내신 거지요?

준우 아빠 예, 맞습니다. 우리 아이가 컴퓨터 중독돼 가지고 진짜 나쁘게 될까 봐 그게 걱정이 너무 되는 거예요.

면담자 저희들 세대는 학교 안 가면 놀라니까 (준우 아빠 : 예) 준우가 컴퓨터 갖고 노는 걸 제일 좋아했나요?

준우 아빠 나중에는 기타를 배워서 중학교 때는, 서울의 악기 파는 상가가 뭐지?

면담자 낙원상가요?

준우 아빠 낙원상가에 가가지고 "아빠, 기타 좀 보고 올게" 그러더라고. 처음에는 기타를 친다길래 보통 아이들이 그 나이 되면 기타에 관심을 뒀다가 금방 식어버리는 경우가 많기 때문에 제가 동네에서 허름한 중고를 하나 사다 줬어요. 중고를 사다 줬는데 음이 잘 안 나오잖아. 그래서 자기가 좀 쳐보더니 "아빠, 이거 음이 너무 안 나온다" 그러더라고, 그래서 "낙원상가에 기타를 좀 보고 오겠다" 그러더라고. 그래서 "그래, 보고 와. 보고 사진하고 이렇게 가격하고 다 적어갖고 와. 그러면 아빠가 보고 판단해서 사줄게" 그랬더니 그날 저녁에 기타하고 앰프하고 다 들고 왔어요, 전자기타하고. 그래서 "야, 너 이거 어떻게 된 거야?" 그랬더니 사장님이 주셨대. 주시고 집에 가서 아빠한테 허락 맡고 돈만 부쳐주라고 그랬대요. 그래서 "아이고, 그 사장님 상술이 대단하시네"(웃음) 아이들이 교복 입고 갔으니 신분을 속일 리 없고 그리고 거기 아이들이 분명히 목적이 있어서 왔을 텐데 "나중에 다시 올라오기 힘드니까 아예 들고 가라" 이런 식으로 했나 봐요. 처음에는 화도 났지마는 '선택을 어차피 할 수밖에 없는 상황이라면 사줘야 되겠다' 싶어서 사줬거든요. 그러고 나서는 뭐 한 1, 2년은 그냥 혼자서 엄청나게 연습을 하더라고. 근데 기본적인 재능은 부족했던 거 같아.

면담자 준우가 연주하는 걸 들어보신 적 있으세요?

준우 아빠 몇 가지 있긴 한데 "언제 연주를 완성해 가지고 아빠한테 한번 들려줄 거냐?" 그랬더니 결국은 못 듣고 저장돼 있는 파일 중에 연주한 게 몇 건 있는 거 그거 정도밖에 못 봤어요. 제가 사실은 지금도 그 기타를 가지고 있긴 하지마는 저도 옛날에 기타를 조금 쳤거든요, 조금.

면담자 아버님도 기타를 좋아하셨군요. (준우 아빠 : 예) 준우가 밴드 만든다 그러고 다니진 않았어요?

준우 아빠 밴드는 친구들 중에 건우, 재욱이 애들이 동아리 활동을 이렇게 했고, 준우는 그 소질이 조금 떨어졌던가 봐요. 그래서 거기서는 같이 안 하고. (면담자 : 개인적인 취미로만) 예.

면담자 동생하고 형하고 둘이서 노는 건 못 보셨나요?

준우 아빠 동생하고는 나이 차이가 한 3살 나다 보니까 그런 거가 공유되거나 그러진 않는 거 같더라고.

면담자 친구들끼리만 놀고. (준우 아빠 : 예) 집에 오면 형 노릇하고. (준우 아빠 : 예) 아이들은 방을 따로 썼나요?

준우 아빠 따로 썼습니다. 이사 오기 전에는 한방에서 둘이, 초등학교 시절이지요. 같이 생활하다가 중학교에들 올라오면서 각방을 주고 이렇게 했으니까.

면담자 둘이 싸우지는 않던가요?

준우 아빠 많이, ○○이는 많이 일러주고 준우는 많이 엄마, 아빠 없을 때 혼내주고 그랬던 거 같아요.

면담자 어느 집이나 그렇지요. (준우 아빠 : 예) 준우 체격은 어느 정도 됐나요?

준우 아빠 키가 178 정도 됐으니까요. 발이 280밀리미터, 285밀리미터 이렇게. 제가 미국에서 신발을 계속 사다 줬거든요. 발이 굉장히 컸어요, 손발이 커 가지고 키도 더 크고, 더 크겠더라고.

면담자 더 컸겠는데요. (준우 아빠 : 예) 남자애들은 스무 살 넘어서도 크더라고요.

준우 아빠 예, 기본적으로 손발이 큰 사람들이 나중에 키도 같이 크는 거 같더라고요. 근데 굉장히 말랐습니다. 말라가지고 그 키에 뭐 60킬로[그램] 안 되고 이래 가지고 좀 편식이 심했었어요.

면담자 음식은 어떤 걸 좋아했나요?

준우 아빠 인스턴트식품을 좋아하고. 제가 권장하는 콩, 시금치, 야채 이런 건 굉장히 기피하고. 그래서 밥상머리에 앉으면 걔도 곤욕이고 저도 사실은 곤욕이었던 게 나는 그런 걸 계속 먹으라고 강요를 하고 얘는 그걸 먹기 싫은 걸 기피하느라고 또는 억지로 먹느라고 밥상에 마주 앉는 게 굉장히 불편하잖아요, 서로가. 준우를[가] 키는 큰데 마르고 눈 안 좋아서 안경 쓰고 치아에 벌레 먹고 이런 것들이 "너 다 야채 안 먹어서 그래. 너 편식해서 그래" 그래 가지고 그런 걱정 때문에 막 강제로 먹이고 싶더라고. 근데 군대 갔다 오면 먹기 싫어도 다 먹잖아요, 남자들은. 그 나이 때 아빠가 얼마나 했으면, 굉장히 엉망이었을 거 같아. "아빠는 맨날 먹기 싫은 것만 먹으라 그래" 막.

면담자 집에 친구들도 데리고 오고 그랬나요?

준우 아빠 고등학교 때, 중학교 때부터 학교에서 아주 근거리에다 집을 일부러 뒀어요. 그래서 여기 통학하기 용이하게 하기 위해서 그랬더니 집사람이랑 저랑 회사에 나가 있다 보면 주로 집사람이 간식거리 또는 밥을 이렇게 준비를 다 해놓거든요. 그럼 아이들이 와서 먹고, 야간 자습 할 때는 밤 10시 넘어서 오는데 이랬던 거 같아요. 정규 수업이 7교시나 6교시 이렇게 끝나고 나서 야간 자습 들어가기 전까지 한 2, 3시간의 인터벌[자투리 시간]이 있었던 거 같아요.

면담자 저녁 시간에요?

준우 아빠 예. 집이 가깝다 보니까 친구들을 데리고 와가지고 집에서 기타도 같이 치고 컴퓨터도 같이하고 거기 차려놓은 간식들이나 이런 것도 그냥 싹 해치우고 그랬더라고. 그게 저희 집이 가까이에 있었고 재욱이네가 그 옆에 있었고 진우네가 그 뒤에 있었고 제훈이네가 선부동 쪽에 있었는데, 성호네도 그쪽에 있었구나. 그니까 돌아가면서 이 집 갈 때는 이 집 가고, 저 집 갈 땐 저 집 가서 냉장고 청소를 잘하는 거 같아, 보니까 싹 비우고 가고.

면담자 단원고등학교 옆에 고잔동이죠? (준우 아빠 : 예) 그쪽에 댁이 있으셨던 건가요?

준우 아빠 대부분 거기서 뭐 한 1, 2킬로미터 반경에 다 살고 있었어요.

면담자 5분, 10분 거리 정도네요. (준우 아빠 : 예) 친구 집에서 하루 자고 오고 싶다고 한다거나 이런 적은 없었나요?

준우 아빠 많이 있었는데 제가 반대를 해가지고 못 간 경우 몇 번 있었지요. 애들 나 몰래, 내가 미국 출장 갔을 때나 아마 자유롭게 하지 않았나 싶어요, 그런 거 같더라고. 나중에 알았어요, 그것도 애들 참사 이후에 아이들 친구 부모들 만나가지고 얘기를 들어보니까 "우리 집에 있었어"[라고 하시더라고요]. 근데 그 집에도 사실은 아빠가 출장 가거나 엄마가 없을 때 집이 비었을 때 [갔]겠지요.

그니까 아이들끼리 그런 기회들을 노려가지고 뭉쳤던 거 같아요. 한 번씩 뭉쳐가지고 야간에 화랑유원지 가서 별 보는 그런 것도 하고 농구도 가서 하고, 좀 속박되지 않은 행동들을 하고 싶었던 거 같아. 부모들이 우리가 사춘기 때나 학창 시절에 아이들이 외도를 하거나 이러면 좋은 쪽으로 해석하기보다 조금 불건전하게 생각하는 경우가 많잖아요. "저놈들끼리 뭐 술 먹을라 그래?" 또는 "나쁜 짓 할라 그러는 거 아냐?" 워낙 환경이 이렇게 노출되다 보니까. 그래서 그런 거는 통제를 제가 하는 편이었고. 준우는 어렵게 허락을 얻어서 한 번씩 나가거나 그런 적은 있거든요. 불꽃 같은 거, 축제 같은 거 한번 보고 싶기도 할 텐데 못 나가게 하고 그러니까.

면담자 아빠한테 특별히 고민이 있어서 뭘 토로한다거나 아니면 간곡한 부탁을 한다든가 그런 게 있었나요?

준우 아빠 컴퓨터 사달라는 얘기, (웃으며) 그런 얘기. 그렇게 깊이 있는 대화는 못 해봤던 거 같아요.

면담자 컴퓨터가 특별히 준우한테 중요한 물건이었군요.

준우 아빠 아마도 아이들의 보물 1호가 컴퓨터가 아니겠어요?

면담자 요즘 애들이 그렇지요

준우 아빠 아, 저게 있었구나. 애플에서 나온 아이팟이라고 핸드폰 기능만 없고 기능이 다 되는 그거를 사겠다 그러더라고. 그때 초기에 가격이 굉장히 비쌌을 때였었어요. "이왕이면 저걸 사라, 왜 핸드폰 기능까지 되는 거 스마트폰을 사야지, 결국은 그거 있고 나중에 스마트폰을 또 가지게 될 텐데 그럼 이중으로 드는 거 아니냐" 그랬더니 아니라는 거야. “스마트폰 필요 없으니 저는 요걸 꼭 가져야겠다”. 그걸로 인해가지고 저하고 좀 다퉜어요. “어차피 스마트폰은 그 기능이 다 되는데 왜 전화 기능이 없는 그걸 사려고 하느냐?” 저는 이해가 안 됐던 거지요. [준우는] 애플에 대한 제품을 굉장히 선호하고 있었는데 나중에 결국은 사줬지요.

사주면서도 내내 저는 못마땅해 가지고 “야, 좀 있으면 전화기 또 어차피 사야 되잖아” 그래서 지가 그게 미안했던지 나중에 투지[2G] 스마트폰이라고 기능이 조금 부실한 걸 사촌 누구가 안 쓰고 버린 거를 자기가 저거만[U-SIM만] 끼워가지고 쓰더라고. 그래서 안타까워 가지고 “야, 스마트폰 새로 사줄게” 그랬더니 괜찮다는 거야, “나중에 졸업하고 사주세요” 이러는 거야. 아마도 아이팟을 지가 가지고 있기 때문에 미안해서 그랬을 거 같아요.

면담자 아버님은 세상 돌아가는 얘기나 아이들 학교 다니는 얘기를 아이들과 하시는 편이었나요?

준우 아빠 예. 그렇다고 아주 대화가 없는 건 아니고요. 기본적인 “친구 생활을 잘하니?”, “학교생활은 문제없니?” 이런 것들은 주로 하는데 그렇게 엄마처럼 친근감 있게 이러지를 못했지요. 못 하고, 제가 미국 가면 아이들도 제가 미국 가면 굉장히 좋아해요. 왜냐하면 집에서 너무 자유롭게 있을 수 있으니까. 미국 가면 카톡이나 이런 걸로 주로 메시지를 주고받으면서 근황을 물어보고 그런 건 많이 했지요.

면담자 주로 준우 소식은 어머니 통해서 많이 들으셨겠네요?

(준우 아빠 : 예) 어머님이 걱정될 만할 일, 자랑스러운 일은 이야기해 주셨나요?

준우 아빠 예.

면담자 알겠습니다. 아버님은 세상 돌아가는 일에는 관심을 가지고 계셨나요?

준우 아빠 계속 신문을 봤습니다.

면담자 신문을 보십니까?

준우 아빠 예. 신문 보고 요즘에 인터넷이 워낙 발달돼 있어서 인터넷 검색도 많이 하고 집에서는 뉴스를 많이 보거든, 뉴스도 많이 봅니다.

면담자 정치적으로 중요한 사안, 선거 이런 거는 적극적으로 참여하시는 편이셨나요?

준우 아빠 선거는 뭐 웬만한 선거는 다 참여를 하고.

면담자 종교생활은 하셨나요?

준우 아빠 깊이 있는 종교생활은 아니지만 어머니께서 아주 독실한 불교 신자거든요. 그리고 절에 제가 아주 유년 시절부터 엄마 손 이끌려 가지고 다녔던 기억이 있어 가지고.

면담자 성남에서요?

준우 아빠 아니, 저기 시골 쪽에 충청도 쪽에 있어요. 깊은 암자인데 거기서 지금은 본의 아니게 그 절에 많이 의지를 합니다. 왜냐하면 우리 준우 49재도 거기서 하고 준우에 대한 위패나 이런 것도 거기다 이렇게 딱 만들어놔 가지고 그래서 집사람하고 정기적으로 가서 불공을 드리고. 또 얼마 전에는 아이들, 250명 아이들 이름을 올려놓고 천도재도 한 번 하고 왔거든요, 그런 식으로 하고 있습니다.

면담자 아버님하고 어머님 두 분이서만 천도재를 지내셨나요? (준우 아빠 : 예) 다른 부모님들과 같이하신 건 아니고요?

준우 아빠 예. 그냥 "절에다가 의뢰를 해가지고 아이들에 대한 천도재를 한번 해주자" 했거든.

면담자 아버님 형제분들은 어떻게 되세요?

준우 아빠 저는 8남매고요. 큰형님이 지금 연세가 육십이 넘었으니까 저하고 한 17년 이렇게 차이가 나고. 둘째 형님은 작년에 돌아가시고, 사고로 돌아가시고. 셋째는 지금 수원에 계시고 넷째는 누님이고 울산에 계시고, 전국에 이렇게 흩어져 있습니다.

면담자 한번 다 만나시기도 어려우시겠습니다.

준우 아빠 몇 번 정도는 모입니다. 어머니 생신이 있거나 명절이 있거나 아버지 생신이나 이렇게 경사들이, 행사들이 있을 때는 한 번씩 모이면 한 30명, 35명 이렇게 모이니까.

면담자 8남매 중에 몇째신가요?

준우 아빠 일곱 번째입니다.

면담자 동생분은 남동생인가요? 여동생인가요?

준우 아빠 남동생이에요.

면담자 아주 다복하신데 부모님은 다 생존해 계신가요?

준우 아빠 예, 아버님이 아흔둘이고요 어머니는 지금 여든넷인데 고향에 계십니다. 근데 제가 오늘이나 내일쯤 내려가서 한번 어머니 모시고 올라올라 그래요.

면담자 왜요?

준우 아빠 연세 때문에 거기서 본인이 밥을 차려서 드시는 것조차도 조금 힘드신가 봐요. 그래서 모시고 올라와 가지고 겨울을 여기 우리 집에서 좀 보냈으면 해서 모시고.

면담자 그럼 아버님은 어떻게 하시나요?.

준우 아빠 아버님은 거기를 지키겠다고 계속하시는데 한번 의사를 여쭤봐야 될 거 같아요. 올라오셔 가지고 답답해서 오래 계시지를 않아요. 거기가 공기도 좋고 활동 반경이 굉장히 넓기 때문에 자유로운데 아파트에 있으면 꼭 감옥 생활 한다고 그런 느낌밖에 없어서 안 있을라 그러더라고. 근데 어머니는 시골에 계신 것도 이제는 밥해 드시고 이런 것도 부담스러우니까 아침에 집사람하고 얘기를 해서 "올겨울만 여기서, 우리 집에서 한번 모시자" 이렇게 얘기를 했거든요.

면담자 어머님이 힘드신 때가 되셨군요.

준우 아빠 그렇지요, 예.

면담자 아이들 학교 다닐 때 학교에 가보신 적 있으신가요?

준우 아빠 제가 유별나게 많이 갔습니다. 많이 갔다기보다 담임 선생님들이 의아하게 생각하더라고 '다른 데는 엄마들이 많이 와서 아이들 상담을 하고 하는데 왜 이 집은 아빠가 맨날 오지?' 그런 생각이. 저도 아이들 학교 보내놓고 학교에다가 그런 관심이 있다는 걸 이렇게 한 번씩 보여주고 싶더라고. '그래야지 선생님들이 더 가르치는 것도 성의 있게 가르치지 않겠나' 싶어서 일부러 담임선생님 찾아가 가지고 "우리 아이 학교생활 하는 데 문제없느냐? 또 적응을 잘하느냐?" 이런 걸 수시로 상담하고 오거든요. 가끔 그렇게 하면, 다른 부모들한테 물어보면 그렇게 간다는 사람이 그렇게 많지는 않더라고. 특별하게 학교에 임원으로 활동하지 않는 이상은 갈 이유가 별로 없나 봐요.

면담자 주로 어머니들이 많이 가시고 아버님이 가시는 경우는 드물지요.

준우 아빠 예. 집사람이 그런 걸 쑥스러워하고 안 할라 그래서 제가 그 역할을 했던 거 같아요.

면담자 일상적으로 아이들 돌보는 건 어머니가 하시고 학교와 상담하는 건 아버지가 하시고요? (준우 아빠 : 예) 준우는 호칭을 아빠라고 그랬습니까? 아버지라고 그랬습니까?

준우 아빠 아버지라고 나중에 그랬던 거 같아.

5
수학여행 전후의 상황

면담자 어머님 인터뷰 자료를 보면 "준우는 수학여행 안 가고 싶어 했다"는 얘기가 있더라고요. (준우 아빠 : 예) 준우가 굉장히 공부에 집중을 했나 싶은데, 아버님은 여기 계셨나요? 아니면 미국에 계셨나요?

준우 아빠 막 들어왔을 때였습니다. 그때 애가 보통 학원이 끝나면 12시 정도 되는데 학원에서 들어오면 그때부터 2시, 3시까지 공부를 하더라고. 그러고 나서 제가 출근을 6시 조금 넘어서 하는데 그때 못 깨우겠더라고. 집사람이 7시 정도에 나가면서 밥 차려놓고 깨워놓고 나가면 밥 먹고 등교하고 이렇게 하는데 거의 뭐 서너 시간 정도 자고 이렇게 나가고 그래서. 근데 공부를 그렇게 하면서, 수학여행 갔다 와서 며칠 있다가 중간고사가 예정돼 있었거든요. 학기 초에 4월 달이었으니까. 그래서 부담스럽다 그러더라고, "공부를 해야 되는데 가기 싫다"고 그러더라고. 그래서 "야, 그래도 머리 좀 식힐 겸, 그리고 공부를 떠나서 친구들하고의 어떤 학창 시절의 마지막 추억이 될 수도 있는데 그런 거는 기억해야지" 싶어서 가라고 권유를 했지요. 권유하고 가라 그랬는데 그렇게 [참사가] 난 거지요.

면담자 아버님은 가라고 하신 거지요?

준우 아빠 처음에 집사람은 저한테 물어보더라고, "준우, 가기 싫다는데 어떡하지?" 그러더라고. 그래서 그런 식으로 얘기를 했지요. "공부도 공부지마는 머리를 식혀야지 공부도 더 열심히 할 수 있는 거 아닌가, 아이들 친구 관계도 중요하니까 가서 친구들하고 공부 잊어버리고 2, 3일 놀다 오는 것도 괜찮지 않겠냐" 집사람하고 얘기를 하고 그래서 집사람이 아이하고 그렇게 얘기를 하고 해서 보냈어요.

면담자 그러면 준우는 '놀겠다'는 생각이 많지는 않았겠네요.

준우 아빠 예, 그냥 "잠만 푹 자고 온다"고 그러더라고, 평상시에 잠을 많이 못 자가지고. 그래서 제가 미국에서 들어올 때, 애가 헤드폰을 굉장히 갖고 싶어 하더라고. 그래서 미국의 아울렛[아웃렛]이라든가 이런 데 매장에 다니면서 좀 괜찮은 걸 하나 사갖고 왔어요. 헤드폰을 좀 비싸게 사가지고 갔는데 근데 사가지고 들어오니까 얘가 자기 1년 치 용돈을 다 털어가지고 더 좋은 걸 하나 샀더라고. 사가지고 그거를 가지고 수학여행을 갔더라고, 내가 사준 거는 따로 이렇게 놔두고. 요번에 캐리어를 찾았어요. 찾아가지고 올라왔는데 그 안에 다 들어 있더라고. 지금 손질해 가지고 집에 놔뒀거든요. 따로 애들처럼, 보통 수학여행 간다 그러면 그 안에서 이벤트 하는 것도, 게임하는 거 이런 거 연습들 많이 하고 그러잖습니까. 근데 그런 거는 별로 관심 없어 하는 거 같더라고.

면담자 준우는 공부에 이미 집중을 하고 있었군요. (준우 아빠 : 예) 수학여행 가면 장기 자랑 연습을 하는 아이들도 있잖아요.

준우 아빠 그걸 했다 그러더라고, 팝송을 불렀대요. 팝송을 불러가지고 그 자료가 나중에 어디 누구 통해서 받아보긴 했는데. 얘는

음악도 계속 팝송 위주로 이런 걸 많이 듣더라고. 그러면서 "왜 팝송을 부르냐? 어렵게" 그랬더니 "팝송을 부르면 아이들이 잘 몰라서 잘했는지 잘 못했는지 몰라" 그러더라고.

면담자 유머 감각도 있었어요?

준우 아빠 그렇지는 않았던 거 같아요. 제 성격같이 좀 투박하고 그랬던 거 같아요.

면담자 수학여행 날 아침에 따로 인사를 하셨나요? 15일에요.

준우 아빠 고거는 아침에 제가 걔를 문만 열어보고 갔지요, 자는 방에. 걔가 굉장히 늦게 잤거든. 집사람하고 아마 얘기 나누고 해가지고 1시 넘어서 아마 잠자리에 들었는가 그런데. 아, 집사람하고 얘기를 1시 정도까지 하고, 그러고 나서 뭐 기타 연습을 더 하고 한참 있다 잔 거 같아요, 보니까 새벽에 늦게까지. 그러니까 아침에 깨우지 못하겠더라고. 그래서 첫날 가기 전날 집사람하고 홈플러스 가가지고 아이들하고 나눠 먹으라고 오징어며 잔뜩 사 왔는데 아무것도 안 가져가겠다는 거야. "왜 안 가져가냐? 니가 먹기 싫으면 친구들 주면 되지" 그랬더니 그래도 필요 없다는 거야. 단지 음료수 하나하고 과자 하나만 넣어달라고 해서 집사람이 고거만 포장을 해주고 나머지는 다 놔두고 갔어요. 그것도 결국은 하나도 안 먹었더라고, 캐리어 속에 그대로 있더라고. 나중에 돌아왔는데 돈도 내가 한 5만 원 주고 집사람이 한 5만 원 주고 해가지고 줬는데 거기서 7만 원은 따로 자기 방의 저금통에 넣어놓고 3만 원만 꺼내가지고 갔더라고. 나중에 지갑도 돌아왔는데 3만 원에서 1000원만 썼더라고. 2만

9000원이 남아 있더라고. 1000원을 아마 자판기에서 캔 음료 뽑아 먹거나 그랬을 거 같아요. 돈을 하나도 안 썼더라고.

면담자 평소에도 용돈 막 쓰고 그러는 친구는 아니었나 봐요?

준우 아빠 예, 굉장히 검소했습니다.

면담자 자기가 사고 싶은 것만 그렇게 하는 거고.

준우 아빠 예. 애들하고 뭐 먹어도 더치페이로 해가지고 각자 먹거나 굉장히 검소하게 짠돌이, 짠돌이. 예.

면담자 수학은 물론 잘했겠네요. 재밌어하는 과목이 있었나요?

준우 아빠 수학, 영어 잘했고, 과학 잘했고 국어는 조금 소홀했지마는 수학을 굉장히 좋아했던 거 같아요. 문제 푸는 거에 성취감을 느끼고 그런 거 같아요. 보니까 공식을 풀어나가면서 답을 찾아낼 때의 만족감이라든가, 수학을 그래서 특별히 좋아했던 거 같아요.

면담자 전형적인 이과 학생이었군요. (준우 아빠 : 예) 선생님 중 준우에 대해서 특별한 기억을 말씀해 주시는 분이 계셨나요?

준우 아빠 다 돌아가셨잖아요, 선생님들도. 1학년 때 담임했던 분 돌아가시고 2학년 때 담임했던 분 돌아가시고. 준우가 학교생활하면서 그런 얘기를 많이 해요. 자기는 교무실을 많이 드나든대요, 일부러 선생님들 눈에 띄기 위해서 많이 드나든대. 그래야지 나중에 조그마한 지식이라도 하나 더 얻는다는 그런 생각을 가지고 있더라고. 그래서 1학년 때도 보면 학생주임이라 그러나? 그런 사람들 통해서 따로 수학 공식이 있는 그런 자료 같은 걸 받아 오고 그러더라고. 그래서 "자꾸 그런 걸 눈에 띄게 하니까 이런 거라도 얻는 거 아니냐" 그러면서 좋아하더라고.

면담자 그런 얘기 들으실 때는 아버님은 그냥 그러려니 하셨나요? 아니면 조언을 해주시는 편이었나요?

준우 아빠 조언보다도 속으로 대견해하고 그랬지요.

면담자 대견하셨을 거 같아요. 어머님이 아이들 키우시면서 걱정이 생겨서 아버지하고 상의하시고 이랬던 적은 없으신가요? 아이들한테 직접 말은 못 하고 속앓이를 하셨다거나?

준우 아빠 집사람이 마음고생을 많이 했을 거 같아요. 왜냐하면 집사람은 아이들하고 친화적인 방법으로 교육을 시키고 싶어 했고, 아까도 얘기했지만 저는 조금 엄하게 또는 강제성을 가지고 아이들을 교육[했고]. 그러니까 교육관이 굉장히 다르다 보니까 집사람이 중간에서 역할을 하면서 굉장히 마음고생을 많이 했을 거 같아요. 아빠 의견을 따르자니 아이들하고 자꾸 부딪치는 거 같고. 그렇다고 엄마 방식대로 하자니 아빠하고 의견 대립이 되고 이런 관계에서, 그러니까 아이들에 대한 문제를 내가 "이러이러한 문제가 있다"라고 지적을 하면 그런 걸 풀어가는 방법이, 나는 엄마가 강하게 "야. 너희들 이거 잘못됐어. 이거 수정해" 이렇게 얘기해 주기를 바라는데 엄마는 그런 방법으로 풀지 못했던 거지요, 그래서 그런 거 같아요.

면담자 중간에서 어머님이 마음고생이 있으셨겠군요. (준우

아빠 : 예) 참사 이후에 그런 얘기들을 나누게 된 건가요? 아니면 그 전부터 알고 계셨나요?

준우 아빠 그 전에는 그런 걸 좀 깊이 느끼질 못했지요. 사실은 '뭐 그렇게 사나 보다' 이런 정도였는데 지금에 와서 생각하니까 '그런 것들이 참 좀 잘못된 부분은 이렇게 잘못됐고, 내가 잘한 부분은 이런 게 잘했구나' 이렇게 되돌아본 거 같아요, 한번.

면담자 아까 5인방 친구들 부모님들 가까이 지내신다고 하셨잖아요? 4·16 이후에 이렇게 삶이 변한 모습들을 다섯 식구들끼리 이야기 나누시고 그러나요?

준우 아빠 예. 일상적인 대화를 많이 하지만, 돌아가면서 아이들에 대한 얘기를 한 번씩 해보자고 제안이 돼 있는 상태예요. 예를 들어서 "오늘은 제훈네 집에 가서 제훈이 얘기를 한번 듣고 제훈이에 대한 걸 한번 느껴보자" 이런 거지요, 사실은.

면담자 그렇게 모임을 하세요?

준우 아빠 아니, 그렇게 제안이 돼 있는데, 아직 요즘엔 그 활동을 못 했습니다. 왜냐하면 대외적으로 아직 활동하시는 분들이 많아가지고 건우 아버님이랑 지금 저기 누구야, 성호 아버님은 동거차도 내려가 계시거든.

면담자 지금 가 계세요? (준우 아빠 : 예) 어쨌든 아이들 얘기를 돌아가면서 해보자고 그렇게 제안한 상태네요?

준우 아빠 예, 그러니까 고 집에 가면 아이들 방을 이렇게 꾸며

놓고, 아이들에 대한 자료들도 있고 아이들이 자라온 환경이나 이런 걸 다 알 수 있기 때문에. 그 부모는 알아도 우리는 잘 모르잖아요. 그래서 "한번 돌아가면서 그렇게 해보자" 이렇게 얘기가 돼 있거든요.

면담자 5인방 부모님들 모임도 오래오래 지속되면 좋겠습니다.

준우 아빠 예, 저도 그러길 바랍니다.

면담자 준우 방은 그대로 두셨나요?

준우 아빠 예, 책이며 고대로 지금 소장하고 있고요. 그걸 계속 유지해야 되지 않겠나 싶어요.

면담자 거기 4·16기억저장소에서 촬영도 하고 그랬었는데, 준우 방도 했었나요?

준우 아빠 예, 했습니다.

면담자 준우 컴퓨터 자료들 보셨다고 하셨는데 어떻던가요?

준우 아빠 그 외장하드가 그게 500기가짜리였나? 굉장히 용량이 많은 거였는데 거의 용량이 다 찰 정도로 많았었어요, 자료들이. 그리고 외장하드 말고 따로 PC에도 자료가 많았고. 애들이 좋아했던 애니메이션, 일본 만화, 일본 노래, 팝송들, 그리고 학교에서 UCC 찍은 그런 편집하는 과정에서 사진들.

면담자 자기들이 직접 찍은 영상이요?

준우 아빠 예, 자기들이 찍어서 편집을 해가지고 동영상을 만들어서 그게 이제 학교에 제출을 해서 수상을 하고 그랬던 거 같아요. 또 어떤 수학 공식 자료들, 굉장히 다양하게 많더라고. 일일이 검색을 다 못 해볼 정도로 너무 많은 거예요.

면담자 그중에는 그렇게 다운로드받은 것도 있겠고 본인이 만든 것도 있겠고 그렇지 않습니까? 준우가 만든 것만 따로 모아도 참 좋겠는데요.

준우 아빠 굉장히 많습니다. 그게 자기가 기타 치면서 연주한 걸 찍어놓은 거, 그림 그리면서 그림 그리는 과정을 일일이 영상으로 남겨놓은 거, 다양하게 있습니다.

면담자 그런 걸 좋아했군요.

준우 아빠 예, 소질은 없었는데 좋아했던 거 같습니다.

면담자 자료 보면서도 여러 생각이 드셨겠습니다. '준우가 이런 걸 하고 자랐구나' 싶은 것도 있으실 거고. (준우 아빠 : 예) 다섯 명 친구들 그 집에도 한 번씩 다 가보셨겠네요? (준우 아빠 : 예) 준우를 다시 생각하게 되거나 새롭게 보인 게 있으셨을까요?

준우 아빠 많이 알았지요. 사실은 지금은 시간이 벌써 2년 정도 되다 보니까 웬만큼 알 거 다 알았지마는 그전엔 그런 거 몰랐잖아요. 예를 들어서 제훈이 엄마가 제훈이를 '부모지마는 부모가 사실은 더 모르는 부분도 있을 수 있겠다'라는 생각이 드는 게 그런 거잖아요. 아이들끼리 있으면 아이들만의 영역이 있고 그런데 부모는 그 영역을 잘 모르잖아요, 그랬던 거 같아요. 그래서 '이 아이가 자식이

긴 하지마는 다른 데 가면 또 다른 면이 있었구나' 이런 것들이지요.

6
참사 당일의 기억

면담자 생존 학생 A라 그랬나요? (준우 아빠 : 예) A는 아버님께서 보자고 해서 보게 된 건가요?

준우 아빠 사고 초기에 작년 5월 달, 6월 달 이렇게 되겠네. 생존자 학생들이 연수원에서 따로 합숙으로 그때 심리치료를 받으면서 있을 때였는데 제가 그때 가족대책위에서 일을 하면서 심리나 생계 부분을 제가 담당을 하고 있었거든요. (면담자 : 생계?) 예. 생계 문제도 사실은 복잡하게 얽혀 있으니까. 그래서 생존자 가족들을 그 연수원 강당에 다 모아놓고 가족카드 작성이라든가 이런 심리, 생계 문제에 대한 조사 과정이 있었거든요. 그걸 진행하면서 겸사겸사 A 엄마가 있다길래 여쭤봤거든요. "A가 준우와 친했다는데 만나줄 수 있겠느냐?" A한테 전화를 해가지고 물어보더라고. "준우 아버님이 오셨는데 만나줄래?" 왔더라고, 와가지고 너무 고맙더라고. 그래서 한번 안아주고 준우 얘기도 물어보고 했지요.

면담자 요즘은 A 소식은 들으신 건 없으시고요?

준우 아빠 예, 최근에 없습니다.

면담자 요번에 수능 시험을 봤을라나요?

준우 아빠 준우 친구들 중에 경안고 간 친구가 하나 있고, 어릴 때부터 소꿉친구였던 ××라는 여학생도 있고. 요번에 시험들 다 치렀거든요. 그 전날 집사람이 걔들 찾아가 가지고 엿도 사주고 같이 차도 마시면서 얘기도 좀 하고 왔던 거 같아요.

면담자 참사 당일에 소식은 언론에 나온 걸 보고 아셨나요?

준우 아빠 사고 당일 날이요? (면담자 : 예, 16일 날) 저는 아침에 출근해서 현장 점검하러 다니고 이런 과정인데, 직원이 와가지고 "팀장님, 인터넷 보셨어요?" 그러더라고. "뭐?" 했더니 "혹시 단원고 수학여행 가지 않았나요?" 그래서 "어, 갔어" 그랬더니 "인터넷 좀 보셔야 되겠는데요" 그러더라고. 그래서 "왜?" 그랬더니 배가 뭐 문제가 생겼다 그러더라고. 인터넷을 보니까 그 상황을 인제 알게 된 거지요. 그래 가지고 집사람 회사도 전화를 하니까 전화가 안 되더라고. 그래서 직접 찾아가 가지고 집사람 빨리 나오라 그러고 둘이서 바로 학교로 갔지요. 학교 가니까 벌써 아수라장이 돼 있더라고. 그래서 수원에서 형님 올라오시고 그래서 그 상황을, 그때만 해도 전원 구조가 경기도교육청으로 해서 나오고 MBC 보도도 나오고 막 그랬을 때인데. 그래 가지고 일단은 안심은 되지마는 계속 찝찝하잖아요, 이게 안심은 되지만 '찝찝하다' 그래서 '내려가 봐야 되겠다'. 학교 측에다가 차량을 요청하고 '집에 가가지고 아이들 갈아입힐 옷이라도 가져가야 되나' 싶어서 옷 급하게 챙기고. 그래서 내려가면서 1호 차를 타고 내려갔거든요. 버스 1호 차를 [타고] 집사람하고는 내려가면서 형님한테는 "학교 계시면서 좀 상황을 더 지켜봐 달라"

그러고 둘이 내려갔지요.

면담자 ○○이는 어떻게 하셨나요?

준우 아빠 ○○이는 그때 이모가 근방에 살고 계셨어요. 그래서 ○○이 이모한테 좀 봐달라고 얘기를 하고.

면담자 그러면 어머님 직장으로 갔다가 같이 학교에 도착하신 게 언제쯤이신가요?

준우 아빠 10시, 11시 아직 안 됐을 거 같은데.

면담자 그때 버스 요청해서 내려가셨다 그랬는데 더 급하신 분들은 자가용으로 먼저 내려가신 팀도 있고 그러시지요?

준우 아빠 예, 일부러 자기 차로 가지고 내려가고 그랬더라고.

면담자 예, 아버님은 왜 버스로 내려가시는 걸 택하셨나요?

준우 아빠 일단 심리적으로 운전하기가 불안할 것 같더라고. 그래서 그런 위험성도 있고 해가지고 버스로, 또 '버스가 빠를 수도 있겠다'는 생각이 들더라고.

면담자 가시는 길이 멀었지요?

준우 아빠 굉장히 멀었지요. 아마 그때 가족들이[에게는] 그 시간이 가장 길지 않았겠나 싶어요. 근데 1호 차를 타고 내려가면서 내내 구조에 대한 그런 언론 보도만 나오다가 도착 무렵에 통계자료라 그래야 되나, 구조에 대한 인원수가 확 바뀌어버렸어요. 처음에는 거의 [학교] 도착 무렵에 아마 그랬던 거 같은데, 자막에 실종자가 처음에는 아주 적게 나오더니 나중에는 200, 290명, 300명 가까이 실종 상태 이런 식으로 나와버리니까 거기서 부모들이 완전히 저게 돼버린 거지요. 여태까지 전원 구조라는 그런 기대감만 가지고 내려왔는데 갑자기 그렇게 자막이 나오고 그런 거 보니까, 그 이전에는 전부 다 그럼 신뢰할 수 없는 걸로 보도했다는 얘기가 되잖아요. 그래서 진짜 전부 다 그때 혼이 다 빠진 상태였어요.

면담자 버스 안에는 가족분들만 있으셨나요?

준우 아빠 거의 가족들 같았어요. 신원 확인을 확인할 수 없겠지마는 서로 먼저 타기 위해서 치열하게 경쟁을 하고 내려갔으니까.

면담자 버스는 몇 대 정도가 내려갔나요?

준우 아빠 저는 1호 차를 타고 가서 그 뒤로 얼마나 진행됐는지 사실 잘 모르지요.

면담자 준비되는 대로 한 차씩 내려가시기 시작한 거군요. (준우 아빠 : 예) 그때만 해도 부모님들끼리도 잘 모르셨죠?

준우 아빠 그렇지요. 나중에 차 안에서 "누구냐, 누구냐?" 이렇게 물어보는 정도였지.

7
마무리

면담자 아버님, 오늘은 여기까지 하겠습니다. 진도로 내려간 이후 상황은 다음번 시간 되실 때 이어 쭉 여쭙는 걸로 하겠습니다.

준우 아빠 예, 알겠습니다.

면담자 참사 이전까지의 내용 중에 아버님께서 더 하고 싶은 말씀이나 '이건 기억해 두면 좋겠다' 싶은 거 있으신가요?

준우 아빠 참사 이전에요?

면담자 예, 이전 상황에 대해서 남기고 싶은 말씀이 있으신가요?

준우 아빠 준우한테는 두고두고 미안할 부분들이 몇 가지 있거든요. 그게 계속, 아까도 얘기했지마는 친근감 있게 잘해주지 못했던 부분들하고 넉넉하지 못해서 좋은 거 사주지 못하고 그런 부분들. 아마 나뿐만이 [아니라] 다 부모들의 공통점이겠지마는 그런 부분들은 아마 평생 후회하지 않겠나 싶어요. 그리고 제가 '아이들하고 캠핑 같은 거를 많이 해야 되겠다' 싶어서 장비만 잔뜩 사놓고는 그냥 한두 번밖에 못 해보고 이래서, '부모 역할에 충실하지 못했다'는 생각이 자꾸 드는 거예요. 준우가 하늘에서 기억해 줄는지는 모르겠지만 아빠로서 그런 죄책감은 평생 가져가지 않겠나 싶습니다.

면담자 예, 말씀 잘 들었습니다. (준우 아빠 : 예) 오늘은 여기까지 여쭙고요. 다음번에 진도 상황과 4월 16일에 대해 더 여쭈겠습니다.

준우 아빠 알겠습니다. 고맙습니다.

2회차

2015년 11월 19일

1 시작 인사말

2 사고 해역에서의 경험

3 팽목항과 진도체육관에서의 경험

4 다이빙 벨 논란

5 정부에 대한 불신

6 준우와의 만남

7 가족들의 2차 피해

1
시작 인사말

면담자 본 구술증언은 4·16 사건에 대한 참여자들의 경험과 기억을 기록으로 남김으로써 이후 진상 규명 및 역사 기술에 기여하고자 합니다. 지금부터 이수하 씨의 증언을 시작하겠습니다. 오늘은 2015년 11월 19일이며, 장소는 안산시 단원구 4·16기억저장소 사무실입니다. 면담자는 손동유이며, 촬영자는 김재중입니다.

2
사고 해역에서의 경험

면담자 아버님, 안녕하세요.

준우 아빠 예, 안녕하세요.

면담자 오늘도 시간 내주셔서 감사합니다.

준우 아빠 이렇게 멀리까지 와주셔서 고맙습니다.

면담자 예전엔 멀었는데요, 자주 다니니까 익숙합니다. 지난번에 준우 어릴 때 얘기 해주셨고, 16일 날 버스를 타고 내려가시게 됐고 버스 안에서의 상황 잠깐 말씀해 주셨는데, 다시 한번 좀 여쭈면 그때 버스 안에서 너무들 경황이 없으셨지요?

준우 아빠 예. 그리고 경황도 경황이지마는 진도의 상황이나 이런 거를 유기적으로 이렇게 소통할 수 있는 그런 어떤 연락책이 없다 보니까 굉장히 답답했지요. 내려가는 시간이 4시간, 5시간 이상이 소요가 되는데 길이 굉장히 뭐 길었던 거 같아요, 엄청나게. 그래서 중간중간에 뭐 알아보고 싶어도 어떻게 연락할 수 있는 방법도 없었고 가족들이 다 그렇게 궁금해했던 상황 같습니다.

면담자 단원고에서 출발을 몇 시쯤 하셨나요?

준우 아빠 12시 전에서 내려가 가지고.

면담자 예, 그러면 도착했을 때가 한 대여섯 시. (준우 아빠 : 예) 그러면 해가 지지 않았을 때겠지요?

준우 아빠 약간 어둑어둑해질 무렵.

면담자 4월이니까. 그때 맨 처음에 진도체육관으로 도착을 하셨나요?

준우 아빠 예, 일단은 생존 학생들이[을] 체육관에다가 다 옮겨놓은 상태라고 얘기를 하길래 체육관에 먼저 들어갔습니다.

면담자 가보시니까 그때 상황이 어떻던가요?

준우 아빠 도착하자마자 부모들이 제일 먼저 뛰어가서 확인한 게 생존자 명단을 이렇게 대자보처럼 쫙 붙여놔서, 굉장히 넓고 크게, 누구랄 것도 없이 가가지고 자기 아이 이름 석 자만 이제 확인하면 되거든. 사실은 근데 거기 내린 사람들 대부분이 그 이름을 확인을 못 했어요. 없는 상태였지, 굉장히 당황스럽더라고. 그래서 '혹시나 체육관 안에 있는데 누락됐을 가능성이 있겠다' 싶어서 체육관

안에 들어가서 아이들이 추워서 떨고 있는, 모포를 쓰고 있거나 또는 탈진해 가지고 누워 있는 아이들도 있었고, 일일이 들어가면서 얼굴들을 다 확인을 해봤어요, 한 바퀴를 돌면서, 그런데 거기 없더라고. 지금도 제일 기억하기 싫은 상황이, 아마 평생 동안 그 상황은 제일 기억하기 싫은 장면이에요, 사실은. 생존자 명단에 내 아이가 없는 그 순간이 가장 참담하고 절망적이었던 거 같아. 그때 집사람하고 저하고 공허하게 껴안고 있는 사진이 외신기자한테 찍혀가지고 독일에 있는 내가 아는 독일인이 그걸 봤는가 봐요. 인터넷을 통해서 보고 역으로 한국에 있는 아이들한테 "이거 미스터 리, 이수하 아니냐?" 이렇게 물어봤나 봐요. 그래서 "맞다"고 하니까 독일에서 이렇게 카톡이 왔더라고.

면담자 생존 학생들이 체육관에 일단은 모여져 있었는데요. 아이들과 대화 같은 걸 나눠보시긴 했나요?

준우 아빠 아이들하고 대화할 그런 경황은 없었고요. 아이들도 굉장히 두려움에 떨고 있었거나 아니면 추위나 이런 거에 떨고 있는 아이들이 대부분이었기 때문에 단지 얼굴만 확인하기 위한 그런 과정이었지요.

면담자 아이들끼리 그냥 모여서 조용히 있었군요.

준우 아빠 예, 전부 다 담요를 이렇게 뒤집어쓰고 그런 상황이에요.

면담자 전반적으로 아이들도 굉장히 놀란 상황이었던 거지요. (준우 아빠 : 예) 가서는 누가 안내를 해주던가요?

준우 아빠 글쎄 이게 안내라고 인지할 만한 그런 상황은 없었어요, 분명히 없었고. 우리가 다급한 마음에 일단 공무원이라고 나와 있는 사람들한테 붙들어 가지고 "이다음 상황을 어떻게 해야 되느냐? 지금 [아이가] 없는 상황에서 내가 할 수 있는 게 뭐냐?" 물었을 때 아무 대답도 못 해주더라고. 그래서 가족들은 "그럼 저기 사고 해역에서 제일 가까운 지점이 어디냐?" 그랬더니 팽목항이라 그러더라고 "그럼 팽목항으로 가자" 그래서 버스 기사한테 "팽목항으로 갑시다" 그래서 우리가 막 자발적으로 버스에 승선을[승차를] 해서 "팽목항으로 가자"고 독촉을 해서 넘어간 거지요, 팽목항으로.

면담자 타고 온 버스 기사한테. (준우 아빠 : 예) 그래서 그날 저녁에 바로 팽목항으로 가신 거예요?

준우 아빠 예.

면담자 "체육관 안에 공무원이 나와 있었다"고 말씀해 주셨는데요. 공무원이라는 걸 알게 명찰 같은 걸 하고 있었나요?

준우 아빠 그런 건 없었습니다. 그런 거는 구체적으로 없었던 걸로 기억하고요. 그게 안내 요원이라든가 완장을 찼다든가 뭔가 표식이 있었으면 훨씬 나았을 거 같은데. 근데 누가 봐도 유가족이나 여기저기 가족들이 아닌 거 같은 사람들은 공무원이라고 보여지는 거지요.

면담자 무슨 천막이 있다거나 책상이, 테이블 같은 게 따로 있어서 거기서 일을 시작하려고는 하고 있었던가요?

준우 아빠　고런 거는 기억이 없습니다, 눈여겨보질 않아서 그런지 몰라도.

면담자　진도체육관에서 팽목항으로 가겠다고 결정한 시간이 그렇게 오래 안 걸렸을 거 같은데요.

준우 아빠　예, 불과 내가 보기엔 1시간 남짓, 1시간도 안 걸렸던 거 같아요.

면담자　그러니까 그냥 도착해서 언뜻 확인하고 이거 안 되겠으니까 팽목항으로. (준우 아빠 : 예) 팽목항에 가시니까 상황은 어떻던가요?

준우 아빠　거기도 일부 자가용으로 오신 분들, 먼저 도착한 분들이 더러 있더라고. 있는데 당장 거기서도 아무것도 확인이 안 되잖아요. 망망대해밖에 안 보이고 사전에 준비돼 있는 천막이라든가 이런 것도 부실하기 때문에 "바로 배를 준비하라" 그래서 배를 준비해서 "사고 해역으로 가겠다" 그래서 배를 급하게 요청했는데 시간이 조금 걸렸던 거 같아요, 그게 그래서 그때 민간 어선으로 처음에 첫날 들어갔는지 그 기억도 희미한데 배를 나중에 준비를 해놨더라고.

면담자　16일 밤에요?

준우 아빠　예, 그날 도착하고 얼마 안 있어서. 그래서 "사고 해역으로 가자" 해서 막 가족들 승선을 하고 바로 사고 해역으로 나갔지요.

면담자 몇 명이나 승선할 수 있는 배였나요?

준우 아빠 정확하게는 기억이 안 나는데 꽤 됐던 거 같아요.

면담자 수십 명 정도?

준우 아빠 예, 수십 명 정도.

면담자 승선해서 사고 해역으로 가신 부모님들은 자원한 분들이신 거고요? (준우 아빠 : 예) 의논을 해서 누굴 뽑고 이럴 경황이 없으셨지요?

준우 아빠 예, 서로 먼저 타기 위해서 막 그랬으니까.

면담자 양보하기도 하고 먼저 가실 분들은 가시고 이렇게. (준우 아빠 : 예) 팽목항에서 사고 지역까지 배로 얼마나 걸렸던 것 같습니까?

준우 아빠 그게 그때 상황으로 봐서는 굉장히 먼 거리라는 걸 느꼈는데 이게 나중에서 안 거지마는 조류 방향에 따라서 시간 차이가 굉장히 많이 나더라고요. 나가는 물때면 그 속도도 굉장히 빨라져 가지고 1시간 남짓 걸렸던 거 같고, 반대로 들물일 때는 물결을 거슬러 올라가니까 굉장히, 2시간 가까이 갔던 거 같고. 그런 차이가 있던 거 같아요.

면담자 가보시니까 어떻게 구조 작업이 되고 있던가요?

준우 아빠 구조는, 구조라고 할 건 없지요. 사실은 그 어두운 바다에서 해군, 해경 보트들 떠 있고 그 보트들이 떠오르는 아이들이라든가 이런 거만 계속 맴돌면서 찾고 있는 정도였지. 그거는 수색 개념으로 봐야 되잖아요, 구조 개념보다도. 구조라는 거는 바닷속에 들어가서 직접 뭔가를 활동해야 하는데 그런 활동까지는 그렇게 많아 보이지 않았어요.

면담자 조명은 있었고요?

준우 아빠 조명은 그때 조명탄을 띄운 건지 그거는 잘 모르겠는데 고깃배들 불빛들 있잖아요, 그런 불빛들도 있고.

면담자 어선에서 자원봉사 하셨다는 분들이 계셨군요. (준우 아빠 : 예) 해역에 도착했을 때 배는 완전히 가라앉아 있었나요?

준우 아빠 아니요. 내가 처음에 도착했을 때만 해도 창문 일부가 보이고 뱃머리도 보이고 꽤 보였을 때예요. 그 순간은 꽤 많이 보여가지고 정확하게 이게 배 윗부분은 거의 다…. 아, 측면 부분이 다 보일 정도로 이렇게 누워 있는 상태에서, 그니까 유리창이 보이고 했으니까 그래서 뭐 시간을 다툴 만한 상황이었잖아요. 배는 자꾸 조금씩 내려가고 있는데 굉장히 다급한 상황이었지요, 사실은.

면담자 사고 해역에 가셔서 빨리 구조하라고 강하게 요구를 하시지 않았나요?

준우 아빠 다 그랬지요. 그치만 우리가 타고 나간 배가 민간 어선이었던 걸로 기억하는데 그 배는 그런 장비도 없거니와 거기에 그렇게 책임질 만한 사람이 없다고 봤었거든요. 그래서 그냥 아우성만 쳤지. 사실은 그 아우성친 거에 반해서 뭔가 행위로 옮겨진 거는 전혀 없었다고 보거든요.

면담자 그래서 "빨리 구조하라"고 소리칠 수밖에 없는 상황이었네요?

준우 아빠 예. 근데 거기서 우리가 누구를 대상으로 얘기해야 될지 뭐 그런 거조차도 없는 상황이었잖아요. 사실은 뭐 책임자가 있어 가지고 그 책임자를 상대로 우리가 대화를 한다든가 이런 게 아니었기 때문에 큰 의미가 없다고 봐야지요.

면담자 그러면 그렇게 배를 타고 나가셨다가 얼마나 머물다가 다시 돌아오셨나요?

준우 아빠 거기서 한동안 머물다가 "일단은 들어가자"라고 하고 그 뒤로도 배들은 계속 들어왔어요. 그 뒤에 도착하신 분들마다 그냥 그렇게 출발이 됐으니까. 그래서 거기서 한동안 계속 지켜보고 있다가 저는 그러고 나서, 또 [해역으로] 나갔던 거 같아요, 들어왔다가. 왜냐면 그 상황을 계속 그냥 두고 볼 수만은 없잖아요. 그래서 뭔가가 필요해서 그때는 단정, 해경 단정을 타고 나왔던 거 같은데. 단정에는 해경들이 기본적인 잠수 장비를 갖추고 그런 걸 하기 위해서 들어왔고. 그다음 날 아침에 일찍 출항을 해가지고 그때는 저기 누구야, 지금 안산시장하고 정병국 의원하고 데리고 들어갔었어요. 그때는 [제종길 시장이] 안산시장이 아니었고 민간 잠수사협회[사단법인 한국수중과학회] 회장 자격으로 아마 왔었을 거예요, 그 사람이. 그래서 그 사람이 정병국 의원을 대동하고 유가족들 대표라고 할 건 없지마는 그중의 몇 명을 이제 대동해 가지고 가서 "현장 상황을 정확히 알자"라고 해서 해경 단정을 타고 나갔거든요.

면담자 그거는 그다음 날인가요?

준우 아빠 예, 고다음 날 아침이었던 거 같아요. 그래서 도착해서 "상황이 지금 어떠냐?" 해경 간부들한테 그런 걸 묻고, "그리고 지금 이후로는 어떻게 할 수 있느냐?" 이런 걸 [물었죠]. 그건 동영상을 제가 찍어놓은 게 있어요, 그때 그 상황을.

면담자 그러면 그때 해경의 설명은 뭐였나요?

준우 아빠 어려움을 토로하고 "실제 상황이 간단치가 않다" 수심이 40미터네 뭐 30미터네 이런 얘기 하면서 우리가, 가족들이 잘 모르는 상황을 설명해 줬던 거 같아요. 이게 들어갈 수 있는 상황이면 정조 시간밖에 안 되고, 들어갈 수 있는 여건이 그냥 공기통만 메고 들어갈 수 있는 게 아니고 머구리라고 그래 가지고 에어 공급 라인을 연결하고 들어가야 되고, 그런 어려움을 얘기했던 거 같아.

면담자 근데 그게 당시에 수긍이 되시는 설명이었나요?

준우 아빠 당연히 안 되지요. 그건 이해가 안 되는 거지요. 그게 해경이라는 단체가 그럴 때 필요한 단체 아닌가요? 국가도 마찬가지로 국민의 안전을 책임져야 될 기관에서 그런 게 준비가 안 돼 있어 가지고 손 놓고 있다? 이게 말이 안 되는 상황이잖아요. 저는 초기에 계속 상주하다시피 한 이유가, 가족들이 지금도 굉장한 불신을 갖고 있는 것 중에 하나가, 언론을 통해서 비행기가 수십 대가 떠 있고 배가 수백 대가 떠 있고 뭐 수백 명의 잠수사들이 활동을 하고 있다고 언론을 통해서 계속 내보냈잖아요. 근데 실제 그러지가 못 했거든요. 그 이유는 이 사람들은[언론사는] 누계를 가지고 그렇게 전체적으로 활동하는 거만 내보냈던 건데 가족들이 보기에는 비행기 한 대 떠가지고 순찰 한 번 하고, 한 2, 30분 있다 한 번 하고 이런 거였는데 그 사람들은 언론을 그렇게 안 내보냈거든. 지금 투입된 비행기는, 예를 들어서 "50대 투입됐다" 그러면 실제 50대가 활동하는 게 아니고 한 대씩 떠가지고 50번을 나갔다는 의미거든요.

그게 그러니까 굉장히 어떻게 보면 국민을 언론을 통해서 속인 거라고밖에 안 보이거든. 가족들이 불신할 수밖에 없었던 게 그런 데서[이유에서] "우리가 사고 해역에 가서 직접 목격을 하겠다"라고 계속 감시를 하게 된 거지요. 믿지를 못하는 거지요, 조명탄을 쐈다고 하는데 실제 가서 보면 안 쏘고 있거나 캄캄하거나 이러니까. 그러면 그사이에 아이들이 떠올라서 떠내려가도 모르잖아요. 이게 굉장히 그때부터 국민들한테는 마치 모든 걸 동원해서 하는 것처럼 언론을 통해서 발표를 하면서 실제 상황은 그러지 못했다는 거지요.

면담자 해경의 이야기를 듣고 정병국 의원은 뭐라고 얘기하는지 들으신 게 있나요?

준우 아빠 그 녹음 파일이 있는데 그 사람은 "최선을 다해달라"든지 원론적인 얘기잖아요, 그런 거는. 그런 식의 얘기만 한 거 같아요.

면담자 첫날은 골든 타임 얘기도 있었고 아이들이 생존해 있을 가능성이 높다고 믿고 계셨죠?

준우 아빠 에어포켓도 있다고 우리는 믿고 있었으니까, 예.

면담자 아무것도 못 하는 상황에서 계속 보고만 있는 상황이셨던 거네요.

준우 아빠 그렇지요, 예. 그게 민간 잠수사가, 화성에서 내려온 팀이 그 얘기를 해주더라고. "배까지, 선실까지 접근하기 위해서는 가이드 라인이 필요하다" 그래서 자기가 "그 역할은 해주고 가겠다" 라고 하고 야밤에 들어가 가지고 가이드 라인을 하나 설치했다고 그러더라고 본인 얘기가. 그거는 뭐 일단은 믿어야지요. 그거 했다고 하는데 안 믿을 수도 없잖아요. 그 가이드 라인 설치 이후에 방법이 해경이나 해군이 투입이 돼가지고 선실로 진입을 해서 하나씩 수색을 하는 그런 과정이라 그러더라고.

면담자 가이드 라인이라는 게 줄 같은 걸 잡고 배로 들어갈 수 있게 설치를 한다는 거지요?

준우 아빠 예. 그게 "칠흑같이 바닷속이 캄캄하니까 최소한 밧줄이라도 붙들고 가야지 목표하는 지점에 도달한다"고 얘기를 하더라고.

면담자 민간 잠수사가 오히려 그걸 해놓고 갔군요?

준우 아빠 예. 본인이 "처음에 들어가는 난간대까지 그걸 묶고 왔다"라고 얘기하고 그 사람은 그러고 나서 철수를 한다 그러더라고, 더 이상 일 못 하고. 그러고 나서 그 뒤에는 해경이 주도를 해서 나머지를 하게 된 거지요.

면담자 민간 잠수사가 이튿날부터 오기 시작했나요?

준우 아빠 첫날 밤에도 도착한 분들이 있어요. 와가지고 실제 "해경들이 못 하는 거를 나는 할 수 있다"라고 해가지고 투입된 분들이 좀 있었던 걸로 제가 알거든요. 근데 오신 분들이 역할을 충분히 다 했는지 못 했는지는 제가 그건 확인할 수가 없기 때문에 모르는 거고.

면담자 그 부분에 있어서도 논란이 좀 있지 않았습니까? 민간 잠수사들이 활동하려 했는데 해경에서 방해했다는 이야기라든가 논란이 있었는데 정확히는 아버님께서도 모르시나요?

준우 아빠 저는 사고 해역에서 가장 가까이 계속 있었기 때문에 제가 판단하기에는, 제 사견이지마는 이렇습니다. 민간 잠수사들이 굉장히 많이 왔어요. 수백 명 정도로 헤아릴, 대한민국의 잠수할 수 있는 사람들은 다 왔다고 해도 될 정도인데 어떤 문제가 있는가 하면, 그 안에는 잠수사들의 스킬이 다양해요. 사실은 굉장히 심해를 [잠수]할 수 있는 능력이 있는 사람이 있는 반면에 진짜 이게 스포츠 다이버 정도밖에 안 되는 사람도 있고. 다양한데 모든 사람이 자신 있다고 해서 해경이 다 투입을 시킬 수는 없을 거 같아요, 내가 생각은. 왜냐면 그 안에서 일어나는 사고나, 만약에 잠수사들이 사망을 하거나 사고가 나도 그 책임 또한 해경한테 있기 때문에. 근데 그런 어떤 방법적인 걸 찾아가지고 그 자리에서 선별을 할 수 있으면, 선별을 해서 투입시킬 수 있는 사람들은 시켰어야 맞는 거라고 보는데 그런 거조차도 소홀히 했다고 보거든요. 본인들의, 해경의 스킬은 굉장히 낮다고 보거든요. 그 사람들 군생활 2년, 3년 하면서 다이버 실력이 늘면 얼마나 늘겠어. 근데 보통 민간 잠수사들 그러면 UDT [해군 특수전전단] 출신이거나 그런 관계된 부대 출신들이 거의 다라 그러더라고. 스킬로 따지면 그 사람들이 훨씬 앞서는 거지요.

그런데도 불구하고 그 사람들을 적절한 시기에 못 써먹은 거 또한 내가 보기엔 굉장히 정부의 문제라고 보거든요. 그거는 우리나라의 다이버가 손가락으로 헤아릴 정도밖에 안 되거든요. 많지가 않은데 인력 관리를 전혀 못 하는 그 부재가 제일 큰 거고, 나중에 해경청장한테 내가 강하게 그 부분을 좀 얘기를 했거든요. "저 배 안에서 대기하고 있는 수백 명의 민간 잠수사들을 왜 못 써먹고 있냐" 말이지. "해군은 능력이 안 돼서 못 들어가면 저 사람이라도 써야 되는데 왜 못 써먹냐" 말이지. 결국은 자기들이 책임을 안 지기 위한 소극적인 자세라고밖에 안 보여지거든요. 그 사람들이 다치거나 혹은 최악의 [경우] 사망을 하면 그 모두가 해경의 책임으로 돌아가기 때문에 그런 걸 걱정을 해서 그 긴박한 상황의 사람들, 인력을 못 써먹은 굉장히 우둔한 사람들이지요. 그게 나쁜 사람들이라고밖에 안 보여지는 거[예요].

면담자 청장한테 그런 얘기를 하신 게 언제쯤이었나요?

준우 아빠 그거는 며칠이 지났을 거예요. 지나가지고 제가 군함에 직접 올라갔었어요. 해경청장이 있는 군함에 올라가 가지고, 그때는 저뿐만이 아니고 [부모님들 중] 대표성을 띤 사람들하고 같이 올라가 가지고 그런 얘기를 그 자리에서 했고. 그리고 그게 3009함에 해경청장이 있었고 3009함 말고 그거하고 같은 톤급의 해경 배가 하나 더 있었어요. 거기에는 민간 잠수사들 대기 장소였거든. 그게 두 번째 날인가 정도 되는데 거기 가니까 잠수복들 입고 바글바글하게 있더라고, 민간 잠수사들이.

면담자 대기하고 있는 거지요?

준우 아빠 예, 근데 안타까운 거는 대기하면서 그 통제는 해경이 하거든. 결국은 그러면 정조 시간이 하루에 네 번이 돌아오잖아요, 사이클별로. 그럼 정조 시간이 됐을 때는 투입을 해야 되는데 그걸 못 하고 있는 거예요. 그래서 너무 화가 나가지고 정조 시간이라는 거는 우리 유가족들한테는, 우리 가족들한테는 진짜 희망이거든, 희망. 근데 그 희망의 시간을 그렇게 낭비를 하고 있었다니, 너무 안타깝게도.

면담자 뭘 어떻게 해야 될지 모르는 조직 같아 보이네요.

준우 아빠 예, 방향성을 못 잡고 있는 거지요. 뭘 어떻게 해야 하는지, 사람을 어떻게 다루고, 작업 시간 돼서 어떻게 지휘를 내리고 이런 개념조차도 없고. 한번은 제가 해경 단정에 타가지고 정조 시간만 기다리고 있었어요. 그때는 가이드 라인이 하나밖에 설치가 안 돼 있는 상황인데, 그것도 인컴프레서선이 와가지고 에어 공급을 해 줄 수 있는 상황까지 됐는데 정조 시간이 됐는데 투입을 못 하고 있더라고. 그래서 궁금해 가지고 "왜 지금 안 하고 있느냐? 파도도 잠잠한데" 그랬더니 무슨 밧줄이 준비가 안 됐대요, 밧줄이. 아니, 에어 공급 호스인가 뭐 밧줄이 준비가 안 됐다 그러는 거야. 그러면 정조 시간 되기 전까지 인터벌이 한 5시간, 6시간 있었잖아요. "그 시간에 그러면 뭘 했냐? 그거 준비 안 하고 지금 때 돼가지고 밧줄 찾고 호스 찾고 그러면 그 피 같은 1시간을 이렇게 또 낭비하고 있지 않느냐" 이게 할 짓이 아니잖아요, 이게 너무 화가 나가지고 해경하고 다 옷 벗고 나가라 그랬어. "내가 들어갈 테니까 다 나가라"고. 얼마나 화가 났던지.

면담자 일부러 구조를 안 하고 있는 것 같다는 목소리가 나오는 것이 당연하다고 생각이 드네요.

준우 아빠 누구나 그런 심정을 당연히 갖지요. 그게 그 사람들은 나한테 들리게 얘기한 건 아니겠지만 자기들끼리 하는 얘기가, "안전을 최우선으로 생각해라" 이런 얘기들을 자기들 내부에서 그렇게 하더라고. 그래서 안전이 굉장히 중요하지요, 그게 그 사람들한테도 중요하고 우리한테도 중요하지마는 이게 최고의 안전을 따질 문제냐 말이지, 그 상황이. 그리고 최고의 안전을 따질 위치에 있는 사람들이 아니잖아요. 불안전할 상황에서 투입돼야 될 사람들이 그 사람들이잖아. 그런데 그 요원들이 "안전 위주로 작업을 하자"라는 건 조금이라도 위험의 리스크가 있으면 안 들어가겠다는 얘기하고 똑같잖아요, 그게 그러면 언제 들어가느냐 말이지. 그거를 그 사람들은 평소에 그런 훈련을 받아야 되고, 그렇게 훈련이 돼 있어야 되고. 그거는 그 부대가 만들어진 목적이 그거기 때문에 그런 상황에서 안전을 따지면서 투입이 안 되고 있다라는 거는 직무 유기나 마찬가지라는 얘기지요. 공무원들의 자세가 그렇게 돼, 썩어빠진 나라예요, 지금.

면담자 혹시나 누군가의 결정을 기다리는 듯한 태도도 보인 게 있나요? 현장에서 스스로 결정을 못 하는 어려움이 있지는 않았나 하는 생각도 들어서요.

준우 아빠 누군가가 지휘를 안 한 거지요. 그러니까 지휘 라인이 분명히 있었고 그러면 어떤 상황을 거기서 통제를 하고 지휘를 해야 될 사람이 부재했던 거라고밖에 안 보여지는 거잖아요. 왜냐하면 그 위치에 있는 해경 단정에 타고 있는 최고 계급이 총경 정도 되려나? 총경 정도가 "너 물에 들어가", "나와" 이걸 [명령을] 내가 보기엔 할 능력도 안 되고. 그러면 최소한 사고 지점에는 서해청장이 나와 있든가 해경청장이 들어와 있든가 지휘를 할 수 있는 사람이 와가지고 "지금은 조금 유속이 빨라도 한번 들어가 보자" 이런 뭔가가 있었어야 하는데 전혀 그런 게 없었다고 보여지거든. 그러니까 지휘를 안 한 거지요, 전부 다. 그 이면에는 조금 전에 얘기했듯이 그런 거에 대한 인력 관리도 안 돼 있었을 뿐더러 그리고 책임 안 지려고 하는 그런 소극적인 자세 이런 거라고밖에 안 보여지거든.

면담자 해경청장도 아까 다녀갔다고 하셨고, 며칠 있다가 해수부 장관도 오고 심지어는 대통령도 내려가고 그러지 않았습니까? 이주영 장관이 해수부 장관이었지요? (준우 아빠 : 예) 이주영 장관이 내려와서는 뭐가 달라졌나요?

준우 아빠 크게 진도가 빨리 나가거나 그런 건 없었어요. 단편적으로 이걸 하나 말씀드릴게요. 대통령이 사고 나고 며칠 있다 내려왔잖아요. 와가지고 체육관에도 있고 사고 해역도 언제 한번 다녀갔는데 제가 고 무렵에 사고 해역에 있었거든. 그러니까 대통령이 뜨는 시간을 스탠바이 하고 있다가 해군, 해경 할 거 없이 보트에 쫙 깔려 있었어. "대통령 떴다"라고 신호가 가면 그때 다이버[잠수]를 시작하려는 거야, 이게 얼마나 웃기는 짓이냐고. 실제 들어가서 뭔가를, 행위를 하는 게 아니고 대통령한테 보여줘야 되니까.

면담자 그걸 실제로 목격을 하신 거지요? (준우 아빠 : 예) 대통령이 체육관에서 마이크 잡고 얘기할 때 체육관에 계셨어요?

준우 아빠 아니, 그때 저는 사고 해역에 있었어요. 계속 첫날부터 팽목항 넘어가서 사고 해역에 들어가서 있었으니까.

면담자 팽목항에 대통령이 왔을 때 사고 해역에서 광경을 보셨던 거군요.

준우 아빠 예, 그때도 사고 해역에 계속 있었고. (면담자 : 나가 계셨군요) 예, 나가 있었지요.

면담자 체육관에서 대통령과 면담을 한 뒷얘기 같은 걸 들으신 게 있나요? 저희들이 듣기에 실제로 진행된 분위기하고 TV에 보도된 게 너무 다르다는 얘기가 있었는데. 가족분들이 항의하고 요구하는 모습은 다 없어지고 희망적인 메시지를 전하는 모습만 편집돼서 나왔다는 얘기, 실제는 어땠는지 혹시 기억하시나요?

준우 아빠 저도 조금 의아한 거는 그때 대통령이 들어오고 그런 상황을 제가 직접 목격은 안 했지마는 언론사들은 굉장히 많았거든요. 사실은 그런 과정들을 다 스캔을 했을 텐데 "가족들이 굉장히 막

분노해 가지고 화낸 분들도 있었다. 그러고 심지어는 욕설도 하고 했다"고 하는데, 당연히 할 수 있지요, 그거는 누군들 못 하겠어요. 근데 그런 것들이 막 많이 [보도에서는] 걸러졌던 거 같아요, 보면 나가는 게.

3
팽목항과 진도체육관에서의 경험

면담자 굉장히 격앙된 분위기였던 건 맞는 거군요. (준우 아빠 : 예) 이후 가족분들께서 공동 대응하고 대표를 정하셨던 것은 언제였나요?

준우 아빠 팽목항에서는 그게 한 이틀째부터, 저는 반 추천 대표로 뽑혀서 나갔고 나머지는 거의 자발적으로 해서 한 대여섯 분이 이렇게 대표성을 띠게 됐고 그 사람들이 주도적으로 요구할 거 상황실에 가서 요구하고 이렇게 했는데, 체육관에는 거기가 사실은 훨씬 사람이 더 많았거든요. 그 안에서는 내부적으로 어떤 대변인도 두고 구체적인 조직을 만들었던 거 같아요. 근데 그때 주도적으로 했던 사람이 유덕천 씨라는 그 사람이 대표를 했었고 나머지는 반에서, 우리는 학교기 때문에 각 반들이 있잖아요. 그 반 대표들 구성이 돼가지고 그렇게 활동을 했는데, 그게 좀 안타까워 가지고 제가 4월 19일쯤 됐나? 19일, 20일 해가지고 거기를[체육관으로] 넘어갔어요. 팽목항에 있는 대표분들 몇 분하고 해가지고 "이게 저기, 지금 가족들이 이렇게 나눠져 가지고 해서는 될 일이 아니다. 좀 창구를 단일화해 가지고 좀 더 결집력 있게 해야 된다"라고 제안을 하고 그래서 통합을 시킨 거지요. "통합을 해서 하나로 하자" 그래서 그게 며칠 후에 돼가지고 그 조직을 새로 만들었어요.

면담자 팽목항하고 체육관하고 통합한 조직으로요?

준우 아빠 예. 그거는 보면 실제 바지선이나 사고 현장은 팽목항에서 주로 왔다 갔다 하면서 모니터링을 하는데, 체육관은 거리가 굉장히 멀기 때문에 그런 상황하고는 별개로 군청만 다니면서, 군청에 상황실이 있었거든, 그때. 해수부 상황실, 아니, 정부 상황실이 있어 가지고 거기에서 정부 관계자들하고 탁상에 앉아서 하는 게 굉장히 좀, 무슨 뭐 괴리가 있을 거 같더라고. 그래서 '그렇게 해선 안 된다' 또 '팽목항 상황하고 모든 게 공유가 돼야지, 지금 여기서 이렇게 이러면, 탁상에 앉아서 논할 문제가 아니다' 싶어 가지고 그 과정을 했던 거지요.

면담자 예. 조금 아까 말씀하셨던 유덕천이라는 분은 학생 부모님이신가요?

준우 아빠 학생의, 제가 알기로는 삼촌으로 들었어요. 삼촌으로 듣고 초기에 좀 그런 활동을 왕성하게 했었는데 나중에는 "직계가족이 아닌 사람들을[은] 일단 좀 뒤로 물러서 있어라" (면담자 : 직계 중심으로) 예, 왜냐하면 "그래도 절실한 거는 엄마, 아빠가 절실하지 않겠느냐" 사람들의 이런 요구에 의해가지고 물러나 있었던 거 같아요.

면담자 그렇게 체계를 만들면서 대표성 가진 분들이 단일한 목소리를 내시게 됐을 때는 주로 아버님들이셨나요? 아니면 어머님들도 함께하셨나요?

준우 아빠 거의 아버님들이지요. 그게 막 바지선에 다니고 심지어는 상황실에 가서 책상 엎고 막 과격하게 요구를 하고 해야 되는데 엄마들은 몸도 추스르지 못할 만큼 다쳐 있는 사람들이니까.

면담자 그러면 아버님 경우에는 첫날부터 팽목항에 가서 며칠을 쭉 계신 거잖습니까. 천막 같은 건 금방 마련이 됐나요?

준우 아빠 천막은 시간이 지나면서 한 동 한 동씩 늘어나 가지고 계속 늘어났어요.

면담자 부모님들 계실 곳은 금방 마련이 됐고요? (준우 아빠 : 예) 자원봉사자들이 금방 모이기 시작했나요?

준우 아빠 자원봉사자들이 굉장히 기민하게 움직여 가지고, 사실은 가족들이 배고픔이나 추위에서 보호받을 수 있었던 거는 정부의 어떤 대책보다도 자원봉사자들 역할이 굉장히 컸던 거 같아요. 그게 어떤 단체, 적십자사라든가 단체에서 오신 분들도 많았지마는 개별적으로 새벽차로 부산에서 오고 어디 전라도 광주에서 새벽에 와가지고 손수 자원봉사 하시는 분들이 많았거든.

면담자 음식 같은 거 해오시고?

준우 아빠 예, 그런 활동들을 굉장히 왕성하게 했던 거 같아. 지금도 가족들은 '그 자원봉사자들한테 너무 은혜를 많이 입었다'라고 생각하시는 분들이 많으니까.

면담자 그러다가 며칠 후에는 상경 투쟁이 진행됐죠?

준우 아빠 진도대교 갔었지요.

면담자 그때 몸싸움도 있고 했었는데, 상경을 해야겠다는 결정은 어떻게 내려졌나요?

준우 아빠 고 이전에 제가 한 3일, 4일 정도를 아무것도 안 먹고 잠 안 자고 그래 가지고 대상포진이 왔었어요. 그것도 몰랐는데 그 옆에 급하게 병원이 하나 생겨가지고 가서 약 좀 타 먹으려고 갔더니 대상포진이라 그러더라고. 그래서 약을 받아놓고. 청와대로 간다고 했을 때는 그게 4월 19일인가 아마 그쯤 되는데 그때 무렵이면 사고 벌써 한 3, 4일 지났을 때잖아요. 근데 책임자로 나와 있던 서해청장 김수현 청장이 굉장히 무기력하게 지휘를 하고 있었거든요. 그 이유는 여러 가지가 있겠지마는 가족들한테 "구조에 대한 방법은 공부를 해봐야 되겠다" 뭐 이런 발언도 하고. 또 가족들이 그 당시 엄마들이 3, 4일 동안 아무것도 진척이 안 되고 있는 상태에서 "그러면 인양이라도 빨리해 줘라. 인양이라도 빨리하자" 이렇게 이런 요구들이, 목소리가 좀 나오기 시작할 때였어요. 근데 인양이란 말이 나오면 문제가 되는 게, 인양을 하려고 하면 구조 수색은 포기를 해야 되잖아요. 인양이라는 게 그게 단어가 쉽지마는 사실은 쉬운 문제가 아니라는 걸 저 같은 경우 알기 때문에 가족들이 동요하기 전에 인양 문제를 잠재워야 되는데, 그러면 잠재우기 위해서는 인양의 전문가들이 나와가지고 가족들 앞에서 인양을 하기 위한 과정하고 시간하고 이런 것들을 설명해 가지고 지금은 인양할 때가 아니라는 걸 설명해 줄 필요가 있겠더라고.

그래서 서해청장한테 "그러면 민간인들 인양 전문가들을 한 분 가지고는 안 되니까 몇 분을 모시고 와가지고 이 가족들한테 설명을 정확하게 해드려라. 그래야지 지금 아무것도 모르는 저 엄마들이 인양 요구를 하는데 저런 요구들이 자꾸 거세지면 아무것도 안 되지 않느냐" 그 요구를 했어요, 하니까 "그럼 데리고 오겠다"라고 얘기를 하더라고. 근데 하루가 지나도록 전문가들을 못 데리고 오는 거예요. 근데 그 변명이 뭐, "바람이 너무 세 가지고 헬기가 못 뜬다"는 둥, "파도가 세서 배가 못 떠서 못 데리고 왔다"는 둥 계속 이런 식으로. 그 사람은 진실로 얘기했는지 몰라도 가족들한테 계속 그렇게 변명처럼 얘기를 해버린 거예요. 그러면 인양 전문가도 못 오고 계속 가족들은 인양에 대한 요구를 하고 있는 상황이었고. 두 번째 문제는 김수현 청장하고 상황실에서 대치가 돼가지고 어떤 방법이나 이런 거에 대해서 제시를 하라고 했을 때 아무 얘기를 못 하고 있는 아주 답답한 상황이 돼버렸는데 "당신이 그러면 우리한테 아무것도 얘기를 못 해주면 당신 위의 사람하고 얘기를 하겠다. 당신 위에가 누구냐? 해경청장 아니냐, 청장하고 전화를 연결시켜 줘라" 근데 전화 연결도 안 돼, 전화도 안 받아. 해경청장이 그런 식으로 가족들하고 대화가 안 되는 상황이었고.

그다음 위에가 정부, 중앙상황실에 그러면 전화를 했어요. 전화를 했는데 거기서도 마찬가지로 전화도 안 받아, 연결이 안 돼. 가족들은 누구하고도 대화할 수 있는 사람이 아무것도 없는 상황이 돼버린 거예요. 너무 이 답답한 상황이 계속되다 보니까 팽목항에 있는 대표성을 띤 사람들하고 돌파를 해야 되잖아, 어떤 식으로든. 그냥 그 사람들이 대화가 안 된다고 해서 같이 팔짱 끼고 있을 수 있는 상황은 아니잖아요. 그래서 "그러면 지금 모든 사람들하고 대화가 안 되는 이 상황에서 가족들이 그럼 할 수 있는 게 뭐가 있느냐? 청와대 가서 대통령하고 그럼 대화를 해야 되겠다" 그래서 처음에는 몇 사람이 빠져서 관광버스를 수배를 했어요. 전라남도 쪽에 있는 관광버스 회사는 다 전화를 했는데 전부 다 차가 수배가 안 되는 상황이 돼버렸고. 그래서 진도 안에 그때 셔틀버스로 들어와 있던 기사들이 몇 분 있었어요. 셔틀버스 기사들을 내가 가서 전화[로] 물어보고 "청와대까지 태워주기 어렵다 그러면 진도대교 건너서 그 터미널까지만 태워다 줘라. 그럼 나머지는 가족들이 어떤 교통수단을 쓰든지 이동을 하겠다"라고 하니까 두 대의 버스 기사는 처음에 승낙을 했어요. 해가지고 그걸로 이동하는 걸로 해서 일단은 팽목항에서 체육관으로 가가지고 거기서 합류를 해서 가기로 했거든요. 근데 합류한 시점에 버스 기사들이 또 '노'를 해버린 거예요, 그 상황이 돼버렸어요. "못 가겠다" 이런 식으로.

면담자 누구의 얘기를 들어서 다시 거부했나 보지요?

준우 아빠 통제를 받았는지 그거는 정황은 없으니까 일단은 그렇게 얘기할 수 있는데. 그러면 진도 안에서 터미널까지 가기 위해서는 진도대교까지 한 25킬로미터 정도 나오거든요, 도보로 거리상으로. "그러면 걸어가자, 걸어가자" 그래서 그때부터 체육관 쪽 합류해 가지고 처음에는 수백 명이 도보를 나섰지요. 행군을 나선 건데 체육관 앞쪽에서 형식적으로 조금 막음을 하더니 [길을] 터줘 버리는 거예요, 이 사람들이.

면담자 경찰들이요?

준우 아빠 예. 거기서 차라리 아예 못 움직이게 강하게 막았으면 "가족들 안전을 생각해서 그럴 수 있다"라고 하는데 길을 터주더라고. 그래서 가족들은 행군을 시작한 거지요, 야간인데 그때가 추웠을 때고 비도 오고 그랬을 때니까. 근데 밤새도록 25킬로미터를 3, 4일 동안 잠도 안 자고 먹지도 못한 가족들이 그 행군을 나가는데 그거를…. 이놈들이 얼마나 나쁜 놈들인가 하면 지치도록 그렇게 걷게 내버려 두고 새벽녘에 진도대교에 도착했는데 거기서 막는 거야, 거기서. 도착을 하니까 버스가 수십 대는 넘을 거 같아, 차벽을 쌓고 사람이 이중, 삼중으로 쌓고 그러니까 완전히 도가니에 몰아넣은 꼴이 돼버렸지요. 거기는 민간인들 저기 뭐야, 진도 시민들도 아무것도 모르지, 유가족들밖에는. 그 상황에서 완전히 고립이 돼버린 거예요. 그래서 유가족들이 그 사람들 그 벽을 뚫을 수가 있겠어요? 그게 싸우고 그 난리를 치고 막 그러다가 결국은 못 뚫었지요. 못 뚫고 못 나갔는데 가족들이 "그러면 국무총리 내려오라 그래라, 국무총리라도 여기 오라 그래라. 우리는 뭐라도 답변을 들어야 되겠다, 오라 그래" 아무도 안 온 거예요, 국무총리도 안 온다는 거야. 그 근방에 있었거든, 정홍원 총리가 겁이 나는 거지, 가족들한테 몰매를 맞을까 봐 겁이 나는 거지, "안 오겠다"는 거야.

면담자 "안 오겠다" 그랬습니까? (준우 아빠 : 예, 안 오겠다고) 누구를 통해서 그렇게 들으셨나요?

준우 아빠 거기 경찰 그 책임자가 있었어요. (면담자 : 담당 책임자를 통해서) 예. 그 사람하고 내가 직접 그 옆에, 내 옆에서 전화를 하라고 했거든.

면담자 근데 "안 오겠다"고.

준우 아빠 예. "그럼 어디로 오겠다는 [거냐고]" 그래 나중에 중재가 된 게 "체육관으로 온다"는 거예요, 체육관으로. "체육관에, 그럼 만나자" 그래서 가족들을 제가 설득을 시켰어요. 계속 거기서 아우성치고 있는 가족들을 일단은 정홍원 총리를 체육관에서 만나기로 했는데[했다고] 이것까지 동의를 이끌어내 가지고 일단은 후퇴를 시켰어요, 시키고.

면담자 거기서 다시 걸어오셨어요?

준우 아빠 거기서는 해경에서 배를 아니, 차를 준비를 해주고. 그래서 체육관에 가서 총리를 만나게 된 거예요.

면담자 예. 그때 반별로 반 대표도 있고 전체 대표도 있고 조직이 구성됐잖습니까? (준우 아빠 : 예) 특별한 역할을 맡으신 게 있나요?

준우 아빠 그 나름대로는 거기서 [조직적으로] 하려고 해도, 나름대로 그런 걸 하려고 해도 사실은 그게 안 되는 게 그런 거잖아요. 그게 대표를 하던 사람이 내 아이가 올라오면 찾아서 올라가 버리고, 이런 식이 돼버리니까 계속 이게 뭔가 조직적으로 [활동]할 수는 없겠더라고. 단지 조금 목소리를 막 키울 수 있는 그런 사람들이 앞에서 주도적으로 한 그런 역할뿐이었고, 그게 무슨 조직적으로 대항하고 이런 정도는 될 수도 없겠더라고.

면담자 아버님 같은 경우는 맡으신 역할이 따로 있으셨나요?

준우 아빠 거기서 제가 자원을, 반[半] 자원을 하고. 지금은 구조 수색도 중요하지마는 올라가는 가족도 계속 늘고 있고 나중에 올라가서도 우리가 미리 준비를 해야 될 문제들이 [있잖아요]. 당장 직장 다니는 분들은, 지금 생각하면 배부른 소리 같지마는 그런 것도 사실은 염두를 해둬야 되겠더라고. 직장의 생계에 대한 문제하고 그런 문제들을 내가 조금 주관적으로 했었거든요. 해가지고 고용노동부 관계자들 오라 그래 가지고 이런 비상 상황에 직장인들이 보호받을 수 있는 대책이 뭐가 있는지 그런 것도 알아보고 했었거든. 당시 그런 얘기 하면 정신 나간 놈이라 그럴지도 모르지마는.

면담자 필요한 일 하신 거지요. (준우 아빠 : 예) 체육관에서 총리를 만나서 절박한 요구들을 하셨을 건데 총리의 설명과 태도는 어땠나요?

준우 아빠 제가 지금에 와서야 느끼는 거지마는 사실은 가족들이 그 사람한테 뭐 큰 기대를 걸었겠습니까? 그냥 국정의 두 번째 책임자이기 때문에 만나는 그런 모양새였고. 그 사람을 통해서 결국은 얻어낸 것도 아무것도 없고 크게 달라진 것도 지금에 와서 보면 아무것도 없었던 거 같아. 단지 가족들이 말할 수 있는 최고 신분이었기 때문에 그 사람하고 얘기를 했던 거지.

면담자 그런 싸움을 하시는 동안 아이들이 올라오고, 아이를 찾은 유족들은 먼저 올라가시기도 하는 걸 보면서 어떠셨나요?

준우 아빠 글쎄, 먼저 가는 분들은 남아 있는 분들한테 굉장히 미안해하고 마치 뭐 죄를 진 것처럼 아무 소리도 없이 올라가시는 분들이 있고, 또 이렇게 찾아다니면서 "미안하다. 먼저 올라가서 미안하다" 이렇게 인사를 하고 가는 분도 있고. 남아 있는 사람들은 당연히 굉장히 부럽지요. 사실은 죽어서 돌아왔지마는 찾은 거만으로도 그때는 감사해야 될 시기였기 때문에 굉장히 부러웠었지요.

면담자 준우는 언제 만나셨나요?

준우 아빠 5월 3일 날 올라왔습니다. 5월 3일, 생일이 4월 3일인데 5월 3일 날 올라와 가지고 "한 달 만에 올라왔다" 그러고, 이렇게 됐으니까. 그 전날 이틀 전에 5월 1일 날인가? 집사람이 아이 이름을 불러야지 올라온다고, 등대가 있어, 빨간 등대. (면담자 : 네. 팽목항에) 예, 그 밤에 나를 끌고 가더니 부르라는 거야, 애를 막 집사람하고 목청껏 한참을 불렀던 거 같아. 근데 공교롭게도 이틀 뒤에 아이가 돌아오니까 우리가 '간절함이 좀 통했나 보다' 이 생각이 드는 거지요.

면담자 희망을 놓지 않으셨을 텐데, 언제쯤 되니까 힘겨워지시던가요?

준우 아빠 찾고 나서 말입니까?

면담자　찾기 전에, 그 전에 아이가 살아 있을 거라고 생각을 하셨을 거 같아서요.

준우 아빠　그게 시점이 아마… 가족들이 아이들의 생명을… 뭐 포기라고 하는 단어보다도 절망에 가깝게 느껴진 계기가 있었어요. 사고 나고 배가 일정 부분 떠 있었다고 제가 아까 말씀드렸잖아요. 그때만 해도 '그 안에 에어포켓이 있었기 때문에 배가 완전히 가라앉지 않고 떠 있다'라고 느끼고 있었고, 그래서 가족들은 해경한테 이런 요구를 하게 돼요. 그게 "지금 당장 뭔가에 대책이 없다 그러면, 아이들이 생존해 있을 가능성이 굉장히 있는데 공기라도 주입을 해줘라. 그래야지 더 그 안에서 생명을 연장할 수 있지 않느냐"라고 얘기를 해가지고 컴프레서선이 들어왔어요. 들어와 가지고 한 15파이 정도 되는 에어 호스 하나를 주입을 하고, 이틀간 그 작업을 하게 돼요. 에어를 주입한다고 하는데 실제 어디다 에어를 주입하는지도 [모르고] 실제 효과가 있는지 이런 거는 가족들이 판단할 문제는 아니지마는 일말의 희망을 계속 그런 식으로 이어가고 있었을 때인데, 이틀 뒤에 갑자기 배가 완전히 침몰하게 돼, 순간적으로. 고 상황에서도 제가 그 바지선에 있게 되는데 순간적으로 확 가라앉아 버렸어요.

면담자　직접 눈으로 보고 계신 와중에요?

준우 아빠　예, 아주 짧은 순간에 일어난 문제거든. 처음에는 큰 화면에서 보면 굉장히 큰 풍선을 한 개인가 두 개를 달아놨었거든. 그게 해경은 그때 어떤 표식 차원이 아니었고 그걸로 인해서 더 가라앉는 걸 방지한다고 아마 해놨다는 얘기 같더라고. 근데 지금 생각하면 쇼 같아요, 그게 견딜 수도 없거니와. 근데 순간적으로 가라앉으면서 그 풍선 자체도 막 확 내려갔다가 떠오르더라고. 그러면서 완전히 수장이 되게 되는데, 배가. 그때부터 가족들은 '조금의 희망도 없지 않겠느냐'. 남자들은 대부분 '끝났다'라고 생각을 했고 엄마들은 '그래도 아직 아이들이 살아 있을 거다'라고 일말의 희망들을 가지고 있었지요. 근데 차가웠어, 굉장히 물이 엄청 차가웠어. 온도가 해저로 들어가면 10도 이하로 떨어지고 그랬으면 굉장히 차가웠지요. 보통 20도 정도에 한 20분만 노출돼도 저체온증에 걸린다고 하는데 아빠들은 그걸 알잖아요. '이 정도 수온이면 아무것도 살 수 없다'라는 걸 알지.

면담자 아버님은 16일 날 내려가셔서 5월 3일까지는 계속 진도에 계셨던 거지요? (준우 아빠 : 예) 짧지 않은 기간입니다. 한 2주 이상 그렇게 계셨는데 생활이 규칙적으로 이루어지지가 않았지요?

준우 아빠 당연히 못 되지요. 절대 못 하고 거의 바지선 나가서 계속 있는. 어느 정도 잠수 설비가 갖춰진 게 한참 지나서 갖춰져 가지고 민간 잠수사들도 언딘에서 투입이 돼가지고 활동할 때. 근데도 가족들이 계속 불안해서 [사고 해역으로] 안 나갈 수가 없는 게 '가족들이 나가면 아무래도 이 사람들이 인제 허튼짓을 못 하지 않느냐' 싶어 가지고 계속 나가게 됐지요. 그때는 교대로도 나가고 자원해서도 나가고 해가지고 바지선에서 먹고 자고 하면서 계속. 그렇다고 해서 아주 막 위험한 상황에서 잠수사들을 "들어가라" 이렇게 한 적은 없고, 단지 '우리가 있음으로 인해가지고 조금 더 규칙적으로 이 사람들이 활동을 하지 않겠느냐' 해서. 그것도 의심이 있었으니까 그랬지요, 바지선에서 거의 생활하다시피 했고.

면담자 보통 같으면 견뎌내기 힘든 체력 상황이셨을 텐데요.

준우 아빠 저뿐만이 아니고 거기 있는 가족들 대부분이 먹고 자는 문제에 대해서 거의 관심이 없었거든. 오로지 아이를 찾는 게 몰입이 되다 보니까 그렇게들 견뎠던 거 같아요.

면담자 가족분들끼리 체육관에서 언쟁이 있기도 했는데, 가족분들 간에 의견이 맞지 않아 갈등을 겪었던 경험도 있으신가요?

준우 아빠 굉장히 많았어요. 많았는데 그것 또한 내가 보기에는 어떤 정부의 문제라고 보거든요. 왜냐하면 의견 대립이 있을 수밖에 없는 그 상황을 만드는 거지요. 사실은 그거는 가족들이 수백 명, 친척까지 합하면 수천 명이 와 있는 상황에서 굉장히 위험한 사람들이 많았었어요. '위험하다'라는 거는 진짜 아무것도 없는 사람들이 와가지고 이런 제안을 해요. "저거는 이런 기구를 만들어서 들어가면 쉽게 들어갈 수 있다, 바닷속을" 그런 얘기들을 해요. 민간인들이 와서 얘기하고.

면담자 누군지 모르는 사람이네요.

준우 아빠 예, 물론 그 사람은 나쁜 의도에서 했다고 보여지진 않아요. 그 사람도 안타까워 가지고 자기 머릿속에 있는 아이디어를 우리한테 제공을 하는 거지요. 예를 들어서 "철제로 이런 프레임을 만들어서 잠수를 하게 되면 안전하게 바닥까지 내려가고 뭐 잠수 활동을 잘할 수 있다" 이런 제안을 하는 거예요, 그러면.

면담자 다이빙 벨 말고요?

준우 아빠 다이빙 벨도 그중에 하나고요. 근데 그렇게 접근해서 얘기하는 사람이 한 사람한테만 얘기하는 게 아니고 여기 가서 얘기하고 또 여기 가서 얘기하는데 그 의견이 구조에, 구조에 대한 의견이 분분해지는 거지요. 이렇게 얘기를 들은 사람은 "야, 이 방법 있다고 하는데 이 방법을 왜 안 써? 이 방법 써야 돼". 또 이쪽의 얘기 들은 사람은 "뭔 소리 하는 거야? 이 방법이 더 좋은데". 이렇게 가족들끼리 논란을 만든, 그것도 아까 내가 정부라고 얘기했지마는 정부에서 구체적인 방안을 못 주다 보니까 가족끼리, 오죽했으면 가족들이 제시한 방안을 정부 관계자들이 따라 한다는 게 말이 안 되는 상황이잖아요. 가족들은 굉장히 비전문가고 아무것도 모르는 사람들이 해경이나 해군보고 "이렇게 해" 그러면 걔들은 이렇게 하고, "이렇게 해" 그러면 이렇게 하고. 그럼 뭐야? 이렇게 해가지고 했을 때 안 되면 "가족들이 시켜서 한 건데" 이런 식이 돼버리는 거. 굉장히 무책임하고 참 나쁜 사람들이라는 게 그런 거잖아요.

진짜 올바른 공직자고 올바른 국가라면 이렇게 얘기해야지요. "그 방법은 굉장히 위험하고 잘못됐고 시간 낭비가 되니까 절대 안 됩니다". 이렇게 얘기해야지 맞는 거 아닌가요? 당연히 그렇게 해야 맞는 건데 가족들이 시키면 그렇게 하는 그 행위들이…. 아니, 포괄적으로 나는 그거 다 직무 유기라고 보거든요. 그거는 나도 지금 민사를 걸어놨지마는 진짜 억울해. 국가에[서] 막대한 세금을 들여서 그렇게 운영하는 그 단체들이 그런 식으로 일을 하고 있는데 지금도 그렇게 건재하고 있다 그러면 다음에 누가 사고 났을 때 똑같을 거 아니에요.

면담자 민사를 걸어놨다는 건 국가를 상대로 소송을 하는 건가요?

준우 아빠 지금 가족들이 소송을, 배상을 거부하고 소송을 걸어놨거든요. 민사라는 거는 사실은 어떤 재물적인 손해 청구도 있겠지마는, 이거는 형사적인 사건에서는 일단 정부의 과실을 특별법 안에, 판결문 안에 한 줄도 못 넣었거든 지금. "정부에 과실이 있다"라고 인정을 안 하고 있는 상황인데 가족들은 너무 억울하잖아요. 이게 최소한 정부의 과실을 인정하고 거기다 민간 업자들, 청해진이라든가 이런 과실도 같이 얘기를 한다 그러면 어느 정도 수긍이 될 수 있지마는 "정부 책임은 없으니까 이거는 청해진하고 이런 데서 다 책임 있다" 이런 식으로 하는 행태가 가족들이 너무 억울한 거예요, 이게 그래서 '배상 안 해도 좋아', 소송을 걸어서라도 정부의 과실을 판결문에 한 줄이라도 넣고 싶은 가족들이거든, 지금. 그래서 그게 어떻게 결론이 날지 시간이 얼마나 걸릴지는 모르지마는 이렇게 썩어빠진 나라가 어디 있어요, 이게.

4
다이빙 벨 논란

준우 아빠 참, 아까 가족들끼리 분쟁은 그게 사실은 어쩔 수 없는 상황이었다고 치더라도 조금 안타까운 상황이 5월 1일쯤. 4월 말, 5월 1일쯤 그게 아주 극대화된, 극한으로 치달은 그 계기가 다이빙 벨 사건이었어요, 그게. 다이빙 벨은 이×× 씨[를] JTBC 손석희 씨가 인터뷰를 해가지고 내보내면서 이상호 기자랑 많은 국민들도 "저런 방법이 있는데 왜 안 쓰고 있는 거야?" 이렇게 얘기했을 즈음이었어요. 그래서 처음에 투입이 됐다가, 5월 1일쯤 투입이 됐다가. 아, 5월 1일, 4월 말, 20일 전후에 투입이 됐다가 한 번 빠졌어요. 실패가 아니고 빠졌는데 빠지면서 이×× 씨가 "해경의 방해가 있었다. 해군에서 뭐 못 하게 했다" 여러 가지 막 얘기들을 하게 됐는데 그걸로 인해서 가족들은 더 정부를 나쁘게 보게 된 거지요.

근데 두 번째 투입이 4월 말쯤에 진행이 돼가지고 그땐 내가 주도적으로 했어요. 했는데 좋은 장비면 당연히 쓰고, 쓰는 게 맞고 써가지고 구할 수 있다 그러면 당연히 써야지요. 그래서 이×× 씨 부르고 해경 책임자, 그때 바지선의 책임자, 해군 책임자 불러가지고 배 선상에서 회의를 했어요. "1차 때 투입이 됐다가 물러나는, 물러나 가지고 이×× 씨가 이런 얘기를 해가지고 문제가 더 돼버렸는데 두 번째 투입할 때는 해경이나 해군에서는 이×× 씨 해달라는 대로 다 해줘라. 협조 무조건 해줘라. 빠지라 그러면 빠지고 대달라 그러면 대주고". "그렇게 하겠다"라고 약속하고. 그때 그 회의한 것도 제가 녹취를 해놨어요.

그리고 이×× 씨보고 "당신이 원하는 데를 얘기하고 원하는 걸 다 얘기를 해라" 그래서 투입을 하게 됐는데 투입하기 전에 이×× 씨가 고 앞바다에서 테스트를 해요. 실제 바다에 담가가지고 얼마나 가능성이 있는지를 테스트를 하는데 나중에 들은 얘기지마는 "이×× 씨가 한 1미터 얼마 담가보니까 아무 문제 없더라. 그래서 빼가지고 왔다" 이렇게 얘기를 하게 되는데 그래서 들어와 가지고 실제 원하는 위치를 줬어요. 처음에는 선수 쪽을 달라고 했는데 선수 쪽을 주게 되면 바지선이 전체적으로 옮겨야 되고 문제가 조금 복잡해지기 때문에 선미 쪽이 비어 있어서 해군을, 해군이 선미 쪽을 맡고 있었는데 해군이 조금 빠져주고 선미 쪽을 하는 걸로 잠정 회의가 됐어. 그래 가지고 진행이 됐고, 그래서 그 과정을 가족들이 계속 동영상을 찍고 객관적으로 판단하기 위해서 감시를 했지요. 했는데 결국 들어가서 이틀 만에 철수를 하게 돼요, 이×× 씨가.

근데 내가 그때 팽목항에 들어와 있을 때 "철수한다"라고 연락이 와가지고 제가 헬기를 타고 갔어요. 철수를 하면 안 되잖아요. 그게 그 사람은 많은 국민들한테 자기 장비의 우수성을 얘기하고 정부에서 방해를 했다고 했으니까. 지금 방해 안 받고 제대로 투입을 시켜줬는데 철수한다 그러면 구조를 안 하겠다는 얘기잖아요. 그래서 헬기를 타고 급하게 갔는데 도착하니까 벌써 닻줄을 끄르고 몇 미터를 출발을 해버렸더라고 이×× 씨 배가. 그래서 그 배를 역으로 다시 추적을 해가지고 팽목항에 먼저 와서 제가 쾌속선을 타고 먼저 왔어요. 팽목항에 와서 대기를 하고. '이×× 씨가 나와가지고 언론들이

나 가족들한테 얘기하기 전에 사실 확인을 정확히 해봐야 되겠다' 싶어서 아무도 접근을 못 하게 한 상태에서 해군, 해경 또는 언론사, 가족들 아무도 못 들어가게 하고, 나하고 몇 분의 가족들이 들어갔어요. 그 배에 들어가 가지고.

면담자 이×× 씨 만나러요?

준우 아빠 이××, 예. 들어가서 이×× 씨하고 인터뷰를 했지요, 정확하게.

면담자 왜 그렇게 된 거냐고요?

준우 아빠 예. "이×× 대표님, 본인은 구조 수색에 대한 확신을 가지고 있었고 그래서 요구한 대로 모든 걸 다 이렇게 만들어드렸는데 왜 철수를 하신 거냐. 그 이유에 대해서 얘기를 해야 되겠다" 그랬더니 그분 얘기를 이렇게 하는 거예요. 자기는 "충분히 수색할 능력도 있고 구조할 수 있는 능력이 되는데도 불구하고 기존의 언딘이라든가 해경이라든가 해군에서 일궈놓은 공을 가로채기가 싫다. 그거는 도덕적으로 내가 그래서는 안 된다라고 얘기해서 철수하게 됐다" 이런 얘기를 하는 거예요, 그게 제가 녹취한, 지금 내가 얘기한 이×× 씨 얘기가 녹음이 돼 있어요. 그래서 제가 하도 화가 나서 멱살을 잡고 좀 패대기를 쳤어요. "그 상황에서 할 소리가 아니지 않느냐, 이거는 우리 애타게 아이를 찾고 있는 부모들 앞에서 할 소리가 아니지 않느냐. 당신이 사업적인 도덕을 따지고 이런 문제면 들어가지를 말았어야 되는 거 아니냐. 들어가 가지고 지금 철수를 한다는 거는 우리 가족들 우롱하는 거 아니냐, 그게". 제가 아는 범위가 거기까지고요. 그 사람은 그 이후로도 계속 막 그런 얘기를 하고 〈다이빙벨〉 영화를 만들고 하는데 그 깊이는, 제가 아는 깊이는 그 정도예요.

사실은 그 사람이 하는 게 옳은 건지 나쁜 건지는 다른 시각에서 보면 또 틀릴 수 있겠지마는 제가 경험하기로는 그랬고, 가족들의 분란이 가장 극심했던 게 그 문제 때문에 그랬거든. 그래서 "다이빙벨을 투입하자"고 하는 가족들하고 "그건 안 된다"라고 하는 가족들하고 대립을 하게 된 거지요. 그러면서 그 사람이 결국은 실패로 끝나고 가족들은 그런 앙금을 안고 다 올라오게 된 거지요. 근데 그때 그 가족들을, 투입하자고 했던 가족들을 원망하는 사람은 아무도 없어요. 왜냐면 가족들은 지푸라기 하나라도 잡고 싶은 사람들이기 때문에 어떤 방법이든지 가지고 오면 해보자고 얘기를 하지 그걸 거부할 사람들은 없거든요. 그래서 오히려 그런 가족들의 애타는 마음을 이용해 가지고 자기의 사업을 홍보하기 위한 거라든가 그런 용도로 썼다 그러면 이×× 씨는 굉장히 나쁜 사람이고 그거를 이상호 기자나 이런 검증 없이 언론에다 내보낸 그런 사람들도 좀 무책임하다고 보여지는 거지요.

그래서 제가 손석희 씨하고는 진도에 있을 때 한 2시간가량 통화를 했어요. 손석희 씨가 진도 와서 그때 뉴스를 하고 올라간 다음에 "그 문제 가지고 다시 내려올 계획 없느냐?" 그랬더니 "없다" 그러더라고. 그러면 "손석희 씨는 내가 학창 시절부터 굉장히 존경하는 언론인 중에 하나였다. 지금도 존경하는 건 변함이 없지마는 이번에 다이빙 벨 관련해 가지고 언론을 내보낼 때는 조금 신중하지 못했지 않느냐. 그 이유는 이랬다. 해군에서도 다이빙 벨을 가지고 있다. 근데 그 다이빙 벨이 여건에 맞지 않기 때문에 투입을 안 한 걸로 제가 알고 있다. 근데 이×× 씨 그 얘기를 듣고 손석희 씨가 전 국민을 상대로 그런 걸 인터뷰하고 내보낸 거는, 내보낼 수는 있지마는 그럼 그 반대 의견도 같이 내보냈어야 되는 거 아니냐. 해군 관계자들 얘기를 듣고 '이×× 씨는 이렇게 얘기하는데 해군에서는 이렇게 얘기한다' 그게 언론의 역할 아니냐" 근데 손석희 씨는 "자기 나름대로는 충분히 검증을 했다"고 얘기를 하더라고.

그래서 "어떤 식으로 검증을 했느냐" 그랬더니 "그 사람이 어떤 사람이고 그 설비가 어떤 설비인지 이런 걸 알아봤다"고 얘기를 하더라고. "그렇다고 치더라도 그러면 해군의 그런 다이빙 벨이 있었는지는 몰랐느냐" 그랬더니 "알았다" 그러더라고. "그러면 알았으면 해군 관계자들한테 질문 한 번은 했어야 되는 거 아니냐. '왜 다이빙 벨을 투입을 안 하느냐' 이렇게 질문만 했어도 얘기가 틀리지 않느냐. 그 부분에 대해서는 굉장히 손석희 씨가 잘못한 거 같다. 공식적으로 사과를 해라" 이렇게 요구를 했어요. 했더니 공식적인 사과는 거부를 하더라고. 나한테 "개인적으로는 그런 문제가 있다 그러면 사과를 하겠다"고 얘기를 하더라고. 그래서 그 뒤로는 "내가 아이를 만약에 찾게 되면 올라가서 정상적으로 손석희 씨를 만나가지고 그 문제에 대해서 한번 따져보겠다"라고 얘기를 하고 안 갔어요. 아직 안 갔는데 아이 찾고 장례식장에, 장례식장에는 오진 않았구나. 오진 않고 그냥 조문을 보냈는지 조화를 보냈는지 그 정도로 끝내고 말았어요, 그때.

면담자 세간에 알려져 있는 거하고 다른 본질적인 문제를 아버님께서 얘기를 해주셨는데요. 〈다이빙벨〉이란 영화가 나왔지요?

준우 아빠 영화도 봤습니다. 영화를 보고, 부천의 대한극장이라고 학생들 수백 명을 불러다 놓고 〈다이빙벨〉 영화를 상영시키고 유가족 입장에서 가가지고 콘서트를 한, 토크 콘서트. 아이들한테는 사실은 내 사견이지마는 '내가 보고 또 듣고 느낀 것도 정확하게 얘기를 해줄 필요가 있겠다' 싶어서 그 얘기를 했어요. 그 주최한 사람들은 좀 굉장히 실망스러웠을지도 모르겠지마는.

면담자 누가 주최한 거였나요?

준우 아빠 아마 그때 시민 단체 이런 데서 주최를 했겠지요. 했는데 그거를, '정부가 나쁜 거는 굉장히 나쁘지마는 그렇다고 해서 아닌[옳지 않은] 방법을 통해서 정부를 나쁘다고 할 수는 없다'라는 게 제 생각이고. [그 영화가] 정부의 나쁜 거를 강조하기 위한 방법 중에 하나였다고 이렇게 포괄적으로 인정을 하면 되겠지마는 그렇다고 해서 이×× 씨나 이런 사람을 우상화시켜서는 안 된다는 게 또 제 생각이에요.

면담자 지금 말씀하신 내용은 생소하거든요. 말씀을 듣고 보니 정확하게 밝혀야겠단 생각이 드네요.

준우 아빠 이 부분은 이×× 씨를 제가 개인적으로 고소를 해서라도 한번 밝혀보고 싶은 게 사실이에요, 그거는.

면담자 그럴 정도로 안타까운 게 있으셨군요.

준우 아빠 예. 그게 너무 문제가 되는 거는 이틀을 다이빙 벨한테 라인을 줬어요. 근데 이틀 동안 그 영역에서는 구조 수색을 못 했거든요. 결과적으로는 나쁜 취지로 말하면 방해가 돼버린 꼴이 된 거지요. 그래서 굉장히 좀 괘씸한 거지요, 사실은.

면담자 결과적으로 보면 이틀 동안 아무것도 못 하고 기회를 놓친 거니까요.

준우 아빠 예.

5
정부에 대한 불신

면담자 아직도 정확히 밝혀지지 않았지만, 당시 사고의 원인에 대해서도 가족분들끼리 말씀이 오가지 않았나요?

준우 아빠 그게 사고에 대한 거는 여러 가지 뭐 의문점들을 많이 제기를 하잖아요. 그러면 언론에서도 많이 나오고, 또 뭐 사고 초기에는 잠수함설도 있고 폭파설도 있고 다양하게 얘기가 나오는데 사실은 그거는 배를 인양해 보면 확인이 가능할 거 같고. 근데 그런 어떤 '확인 안 되는 루머 때문에 침몰 원인에 대한 거를 잘못 왜곡해서는 안 되겠다'라는 게 제 생각인데, 기본적으로 사고의 원인이라 그러면 직접적인 원인이 있을 수 있고 간접적인 원인이 있을 수 있잖아요. 간접적인 거는 우리가 민사를 걸어놨다라고 하지마는 민사에서는 간접죄까지도 물을 수 있거든요. 사실은 그래서 간접이라는 거는 조금 세월을 거슬러 올라가면 이명박 정권에서 선령을 연장시켜 준 것도 사실은 원인이 될 수가 있는 거고, 한국선급이라든가 해양안전기술[선박안전기술공단]이라든가 이런 데서 안전하게 관리 못 한 책임도 굉장히 크거든요. 고박을 잘 관리를 못 했다든가 또는 승선인원에 대한, 화물 선적에 대한 문제라든가 이런 것들이 다 간접 원인이고. 직접적으로 우리가 판단하는, 내가 보는 거는 조종사의 미숙이라든가 아니면 평형수를 관리 잘 못해가지고, 파도가 센 데에서는 굉장히 평형수를 많이 둬가지고 더 가라앉혀서 가야 됨에도 불구하고 평형수를 빼가지고, 연료를 절감하기 위해서 빼가지고 불안전하게 운행을 하고, 그런 아주 조류가 센 해역에서 그렇게 났을 텐데 그건 제가 생각하는 부분이고. 그런 조타 미숙이라든가 운항 미숙 그런 것들이 직접적인 원인이 될 수 있겠지요. 그래서 그거는 추정이지마는 결국은 인양을 해가지고 폭파설이 있었다는 둥 또는 잠수함이 와서 들이받았다는 둥 그런 거는 뭐 건져보면 알지 않겠어요?

면담자 그렇지요. (준우 아빠 : 예) 그런 이야기들이 그 당시에도 회자가 되었군요.

준우 아빠 지금도 마찬가지예요. 지금도 모이면, 삼삼오오 모이면 개인들이 의견들이 조금씩 다르니까 어떤 아빠는 "저거는 분명히 무슨 공작이 있었다. 고의로 침몰했다" 하지만 그건 심증이니 어떤 물증은 아무것도 없잖아요.

면담자 그래도 배가 인양이 되면 어느 정도 정확하게는 상황을 알게는 되겠지요?

준우 아빠　어느 정도는 가시적으로 보겠지요.

면담자　조사 영역에서 밝혀내야 될 게 물론 있겠죠.

준우 아빠　그래서 가족들은 실제로 "무슨 그런 어떤, 그런 설들이 사실이라 그러면 인양을 하겠느냐. 결국은 인양을 하는 척하다가 포기하지 않겠느냐" 이런 추측도 있고 당연히.

면담자　지금도 불신이 많으시군요. (준우 아빠 : 그렇지요) 국민들은 그냥 인양한다고 하면 할 거라고 생각할 텐데요.

준우 아빠　지금도 가족들이 피켓을 들고 매일 거리에 나가서 외치는 거는, "인양을 하라"는 얘기를 계속하는 이유가 그거거든. 혹시라도 중간에, 지금은 워낙 국민들의 여론이 인양을 하자는 쪽으로 여론이 높기 때문에 그 요구를 들어주는 척하다가 어느 시점에 여론이 조금 잠잠해지면 "어떤 문제로 인해서 인양을 못 한다" 이렇게 포기해 버리면 사실은 가족들은 아무것도 못 얻고 그럴 가능성은 저도 있다고 보거든요, 인양을 완벽하게 하기 전까지는.

면담자　정부에서 사복경찰을 통해 가족들을 염탐했다는 이야기도 있었습니다.

준우 아빠　뭐 체육관뿐만이 아니고 팽목항에서도 굉장히 많았어요, 그게. (면담자 : 그렇습니까?) 예, 우리 언론 자료들, 팽목항 상황들 찍은 자료들 이렇게 보면 좀 젊은데 등산복 차림을 입거나 이런 사람들은 거의 정보관들, 해경 정보관들. 근데 굉장히 불순한 게, 불순하잖아요. 왜냐하면 정복을 입거나 또는 공무원 신분을 표시를 해야지 그걸 안 하는 의도가 뭐겠어요? 이게 그러니까 가족들끼리 삼삼오오 모여 있으면, 가족들도 서로 사람들이에요. 이게 근데 그사이에 껴가지고 고 말을 들어도 가족인지 삼촌인지 모르는 거예요. 근데 거기 들어서 뭐 해? 나쁠 건 없겠지마는 의도가 불순하다는 거지. 가족들이 뭔 얘기를 하는지 그거를 계속 모니터링하고 감시한다는 느낌이.

면담자 일종의 사찰이지 않습니까?

준우 아빠 그게 가장 확실히 드러난 게 5월 중순에 가족들이 안산에서 버스 두 대로 진도로 내려오는 계기가 있었어요, 한 번 대표들하고 다 해가지고. 근데 고창휴게소에서 우리를 미행하던 정보관이 잡혔어요. 알아보는 가족이 있어 가지고 그 자리에서 잡혔는데 처음에는 막 발뺌을 하더라고. 아니라 그러고 하다가 신분증까지 뺏기고 나서는 나중에 인정을 했어요, 미행을 하고 있었다는 것까지. 그래서 가족들[을 태운 버스] 한 대는 진도로 내려가고 한 대는 그 사람을 데리고 안산경찰서로 갔지요. 도로 올라와 가지고 안산경찰서에 가가지고 "경기경찰청장 오라 그래라. 사과해라". 그때 사과만 받고 끝낸 건 사실은 굉장히 실수 같아. 내가 보기에는 굉장히 큰 문제인데, 이게 가족들을 미행하고 감시하고 굉장히 큰 문제잖아요. 내가 보기에는 지금 특조위[4·16세월호참사 특별조사위원회]의 어떤 그런 문제도 연계 선상에 있을 수가 있고. 이 정부의 행태를 진짜 국민들한테 다 알려야 되는 문제잖아. 근데 그때 유가족들이 조금 경솔하게 경찰청장 사과만 받고 무마를 시켜줘 버린 꼴이 되니까.

면담자 경솔하셨다기보다 경황이 너무 없었으니까요.

준우 아빠 그렇다 그러면 그런 거고 좀 안타까운 거지요. 그때도 막 의견이 분분했거든요. "뭐 이렇게 끝내느냐" 한 쪽에서는 "이 정도로 끝내자" 이런 식이었거든.

6
준우와의 만남

면담자 준우랑 5월 3일 날 만나셨다고 했는데, 그때 상황을 말씀해 주십시오.

준우 아빠 그날은 제가 아침부터 기분이 좋다기보다 뭔가 좀 밝았어요. 계속 사고 해역에 있다가 침울한 상황이었는데 5월 3일 날은 이상하게 기분이 좋은데 계속 그날도 다른 날하고 관계없이 바지선에 나가 있었고. 근데 오후쯤에, 오후 3시, 4시쯤 해가지고 보통 아이들이 그 무렵에 올라오면 1차로 배에서 간단하게 시신을 수습을 하지요. 하면서 특징을 무전으로 알려줘요, 이쪽에 팽목항 쪽에. 그럼 "어디 목걸이가 있다", "반지가 있다" 또는 얼굴 형태, 여자인지 남자인지 그 형태를 이렇게 벽보를 붙여요. 그러면 그 벽보를 보고 부모들이 "내 아이가 맞구나" 이걸 보고 시신을 기다리게 되고 그러는데 우리 아이는 그걸 안 붙였어요. 안 붙여도 될 만큼 주머니에서 명확한 신분이 나와가지고, 학생증이 나오고 지갑이 나오고 여러 가지 정황이 확실하기 때문에 그걸 정보관이 안 붙이고 따로 집사람한테 그 얘기를 했는가 봐요. 그래서 오후쯤에 "준우가 확실하다"고 정보관이 얘기를 하더라고, 해경이 "준우가 확실하다"고 그래서 기다렸는데 오더라고, 오는데 지금도 집사람은 아이를 못 봤어요.

그 무렵이면 사실 오래된 시간이 아니라 가지고 시신이 손상되거나 그러진 않았을 텐데 그게 배 안에서 공기에 노출이 된 부위는 손상이 된다고 얘기를 하더라고. 전문가들 얘기가 아예 물속에 있으면 오히려 물이 차갑고 그러기 때문에 시간이 경과해도 온전한 상태로 유지가 되는데 얼굴 부위가 좀 손상이 돼가지고 못 보게 하더라고. 못 보게 하는데 제가 들어가서 사전에 해경에서 찍은 사진하고 해가지고 확인을 하고 저만 형하고, 형님하고 들어가서 확인을 하고 집사람은 확인 못 하고. 그러고 "우리 아이가 확실하다" 집사람하고 들어와서 둘이 의논을 했지요. "아이가 어차피 죽었는데 올라가서 화장을 해가지고 가루로 두나", 진도에 그때 냉동고가 250개가 준비가 돼 있었거든. "아이들 냉동 상태로 두나 죽었다는 거는 변함이 없기 때문에 여기서 전부 다 올라올 때까지 기다렸다 같이 올라가자. 그래야지 남은 희생자 가족들한테 위안이 될 거 아니냐". 집사람도 흔쾌히 수락을 해주더라고. 허락을 해줘 가지고 그래서 이틀을 거기서 냉동고에 있게 됐지요, 아이를.

근데 우리 의지하고 관계없이 제 가족들이, 친척들이 굉장히 많거든요. 전부 다 진도에 내려와 가지고 난리가 난 거예요. "차가운 바다에 20일 가까이 됐는데 아이를 장례를 안 치르고 냉동을 시켜가지고 저렇게 둘 거냐"고 막 그래, 그 성화에 못 이겨서 결국은 올라왔지마는 지금도 사실은 그 부분이 조금 후회스러운 거는 '가족들이 장례를 안 치르고 조금 냉정하게 그런 문제를, 물론 아이한테는 못 할 짓이지마는 그걸 조금 더 냉정하게 대처를 했으면 정부에다가 더 강한 요구를 할 수 있지 않았겠나' 싶은 게 제 생각이고. 근데 전부 다 부모 마음들이 다 다르다 보니까 어쩔 수 없이 올라와서 장례를 치렀지요. (면담자 : 안산에서) 예, 안산에 올라와 가지고.

면담자　충청도에 있는 절에서는 49재를 지내시고요?

준우 아빠　예. 거기 절은 저의 어머니께서 평생의 공을 들이는 절이다 보니까, 제가 독실한 불교 신자는 아니지마는 어릴 때부터 엄마 손에 이끌려서 한 번씩 가던 절이었거든요. 깊은 암자인데 거기가 아이를, 위패를 갖다놓고 기도를 올리는 게 좋겠다 싶어서 거기다가. (면담자 : 위패만) 예, 위패만 하고 유골은 여기 추모공원에 지금 있고.

면담자　어디 추모공원에 있나요?

준우 아빠　효원, 화성에 있는.

면담자　효원추모공원에 다른 친구들도 좀 있나요?

준우 아빠　준우하고 친하게 지내던 5인방 그 친구들 거기 둘이 있고 서호추모공원에 또 둘이 있고, 그래서 전부 다 다섯 명.

면담자　유골을 놓는 곳을 정하는 거는 그때그때 가족들께서 결정하셨나요?

준우 아빠　대부분 먼저 올라온 가족들이 추천을 해주지요. "내가 보기에는 여기가 낫더라" 그리 가는 거고. 어차피 지금 [안치 장소는]

임시라고 보니까 그게.

면담자　장례 치르러 5월 5일쯤 올라오셨을 텐데요. 이틀 계시다가 그 뒤로는 또 언제 진도에 내려가셨나요?

준우 아빠　5월 7일 날, 장례식이 5월 7일이었고 5월 5일 날 올라와서 이틀을 있다가. 3일장을 치렀으니까 장례 치르고 다음 날 집사람하고 내려갔어요. 항상 진도에서 올라올 때 "애 장례 치르고 내려올게" 남아 있는 준우 친구들, 친한 친구들 부모도 있고 거기 한동안 같이 있다 보니까 짧지만 정들이 들고 미안한 마음도 있고 해가지고 ○○이는 이모한테 맡기고 둘이 또 내려갔지요. 버스 타고 내려갔는데 뜻하지 않은 또 일이 생겨가지고 올라오게 됐지마는. ○○이가, 내려가는 버스 안에서 ○○이 카톡에 이미지 올려놓은, 카톡에 보면 "형아, 조금만 기다려. 곧 따라갈게" 이렇게 올려놨더라고. 처음에는 "이게 무슨 문구야?" 별생각이 없었는데 진도에 도착해 가지고 안산시청에서 나온 김상일 국장이라고 있어요. 기획국장님인데 그분한테 무심결에 이거 보여줬더니 큰일 났다고 얘기를 하는 거야. 지금 아이가 굉장히 위험할 수 있다고 얘기를 하는데 얘기를 듣고 보니까 그렇더라고. 그래서 급하게 안산에 있는 온마음센터에 전화를 해가지고 박사님 한 분을 밤에 급하게 보냈어요. 우리 집으로 보내서 우리 아이하고 얘기 좀 해보고 상태를 좀 체크 좀 해달라고. 하여튼 "굉장히 지금 위험한 상태니까 아이를 혼자 두지 말라"고 그러더라고. 그래서 그날 또, 다음 날 부랴부랴 올라왔지요.

면담자　그러고는 같이 계셨어요?

준우 아빠 예. 같이 있으면서 계속 아이는 혼자 두지 않고, 이모가 있든 엄마가 있든 나는 계속 진도도 왔다 갔다 하고 여기 안산에 올라와서 가족대책위 일도 계속 보고 했으니까.

면담자 아버님 말씀 들으면 가족분들이 모두 힘을 모아서 같이 대처해야 된다는 생각이 크셨던 거 같은데 준우를 만나고 나서 어머님하고 어떻게 할지에 대한 이야기도 나누셨나요?

준우 아빠 이 사고하고 관련해서요?

면담자 사고도 그렇고 삶도 그렇고 여러 가지로 준우를 만나기 전하고 후가 상황이 달랐을 텐데, 그때 그다음부터 삶에 대해 어머님하고 어떤 대화를 하셨는지요?

준우 아빠 저 같은 경우는 제가 조그만 중소기업의 관리팀장을 맡고 있어가지고 사고 초기부터 한 3개월 정도는 그냥 회사에서 배려를 해주고 그 뒤로도 얼마든지 더 시간적인 배려를 해주더라고. 해주는데 내 자리나 내 역할이 회사 안에서 조금 중요한 역할이었기 때문에 계속 그 회사에 피해를 줄 수는 없겠더라고요. 배려는 배려고 기업들의 그런 문제들은 해결을 해줘야 될 거 같아가지고 제가, 저는 사직을 결심하게 됐고요. 그럴 수밖에 없는, 상황이 아무것도 해결이 안 된 상태에서 직장에 나간다는 게 그게 쉽지는 않겠더라고. 집사람도 회사에서 회장님하고 사장님을 제가 가서 만났는데 그런 충분한 배려를 해주고 있더라고. "3개월이 아니라 6개월이라도 얼마든지 일을 보고 복귀해도 된다"라고 하더라고. 그래서 집사람은 한 6개월 후에 복귀를 했어요. 복귀를 하고 직장생활을 한다고 해서 나갔는데 결국은 집사람도 얼마 안 있다가 그만뒀지요. 그만둘 수밖에 없었던 게 가족들은 특별법 투쟁도 하고 계속 이렇게 거리로 농성을 하러 다니는데 직장에 있으면 마음이 편치가 않잖아요. '나도 아이 엄만데' 그래서 아마 직장에 나갔다가 복귀하신 분들이 굉장히 많았던 거 같아요.

면담자 직장 동료분들하고의 관계 속에서 어렵다거나 고마웠다거나 이런 경험 있으신가요?

준우 아빠 다들 고맙지요, 사실은. 안 고마운 분은 하나도 없지마는 저는 '시간이 지나면 좀 만남이 자연스러워지겠다'라고 생각했는데 반대로 그렇지 않을 수 있겠다는 [생각도 들어요].

7
가족들의 2차 피해

준우 아빠 지금도 그렇고. 그래서 '우리 가족들, 유가족들이 스스로가 이게 사회적으로 고립되는 게 아닌가' 싶은 생각이 자꾸 들어요. 지금 안산에 있는 온마음센터라든가 여기서 활동하는 복지사라든가 이 사람들이 안산 시민들을 상대로 유가족들을 안아줄 수 있는 그런, 계속 프로그램을 만들고 하거든요. 그건 제가 지난번에도 말씀드렸듯이 2차 피해라는 게 그런 거 같아요, 보면 사회로부터도 고립될 가능성이 있다는 것. 그거는 우리가 원하든 원치 않든 '그렇게 될 가능성이 있다'라고 생각하는 게, 지금도 안산시 안에서 우리

학교 교실 존치 문제 가지고 재학생 부모들하고 대립이 되고. 좀 있으면 추모 문제 가지고도 안산 시민하고 대립이 되고. 그런 문제들이 자꾸 불거짐으로 인해가지고 '가족들이 진짜 이게 고립이 되는 거 아닌가' 싶은 생각이 듭니다.

면담자 직장 동료분들 경우에도 '시간이 지나면 만나기가 수월치 않을까' 했는데 오히려 어려운 점이 있다고 말씀을 해주셨습니다. 구체적으로 그 상황을 말씀해 주시면 일반인 입장에선 이해가 더 빠를 것 같습니다.

준우 아빠 일례로, 남자들은 조금 덜해요. 그나마 술자리에서 해결이 되는데, 남자들도 마찬가지로 지금은 유가족들끼리 모임이 왕성하게, 이렇게 유대 관계가 많이 형성이 돼 있지요. 근데 나도 안산시에 모임도 많고 친구들도 많지마는, 내가 기피하는 것도 있지마는 그 사람들도 좀 조심스러워하는 거 같아. 왜냐면 우리 남자들은 만나면 1차 먹고 2차 노래방 가고 이게 항상 어떤 절차잖아요. 근데 나 같은 경우 그런 분위기가 안 될 거라는 거지요, 사실은.

면담자 무겁게 생각하게 되는군요.

준우 아빠 예. 만남 자체가 좀 무거워지고 그러니까 서로가 불편한 거지요, 양쪽이 다. 물론 마음속으로는 계속 이런 생각들을 하지마는 그렇게 한두 번 만나다 보면 그런 자리를 기피하게 되고 그러다 보면 자꾸 멀어지게 되는 게 아닌가 싶어요. 결혼식장 같은 데 예를 들어서 초청을 받으면 당연히 가서 뭐 축하를 해주고 해야 되는데 굉장히 기쁜 자리잖아요. 근데 '기뻐해야 될 자리에 내가 가면 더 다른 사람들한테 누가 되지 않을까?' 이런 생각도 들고 '그 사람들도 불편하게 만들지 않을까?' 이런 생각 때문에 피하게 되고 그런 거 같아요.

면담자　　그런 상황 속에서 상처를 받은 경우가 있으신가요?

준우 아빠　　제일 가까운 사람들이 상처를 주는 경우가 많아요, 보면. 그거는 말하는 사람은 의도는 전혀 그게 아니라는 걸 알지마는, 예를 들어서 이런 거지요. 우리 형님이, 나를 아는 형수님이, 누님이 "인제 잊어버리고 열심히 살아라" 또는 "어떡하겠느냐" 이렇게 하면 분명히 우리를 위해서 좋은 조언이라고 생각하지마는 굉장히 그런 말들이 싫어요. 사실은 '뭘 잊어버리고 뭘 어떻게 살라는 거야? 아무 일 없었다는 듯이 살라는 얘기잖아'. 그러니까 어떻게 보면 가장 가까이 있는 사람이 그런 말 하는 게 너무 싫은 거지요, 그래서 피하게 되고. 그러니까 한번은 우리 둘째 형수님이 우리 집사람을 이렇게 위로한다고 이렇게 어깨 두드리면서 "잊어버리고 힘내고 살아" 이랬는데 집사람이 그 말이 너무 듣기 싫어 가지고 그냥 막 확 나가버렸어요. 형수님도 '내가 한 말이 이게 상처가 될 수도 있겠구나' 이렇게 생각을 하시는 거 같아요.

면담자　　저희들도 또다시 한번 생각하게 됩니다.

준우 아빠　　예. 사실은 이게 대한민국의, 우리나라뿐만 아니고 무수한 생명이 죽고 태어나고 죽고 하는데, 지금 이 순간에도 큰 사고로 죽고 작은 사고로 죽고 하잖아요. 아이도 잃고 부모님도 잃고 하는데 "왜 세월호 유가족들만 저 난리를 떠느냐" 이렇게 얘기할 사람도 당연히 많이 있어요. 또 나 자신도 '우리보다 더 억울하게 죽은 사람도 뭐 수두룩한데 왜 가족들만 유별나게 이렇게 해야 돼?' 이렇게 자문할 수도 있지마는 글쎄 사고의 크기가 커서 그런 것도 있겠지마는 눈앞에서 매장당한다는, 매장당하는 모습을 지켜보고 있을 수밖에 없는 그 상황이 있잖아요. 아무것도 못 해주는 정부, 아무것도 못 하는 압박 이런 게 어떤 뇌리에 아주 큰, 이게 충격으로 박혀 있는 거 같아. 그래서 좀 더 심하게 그러지 않나 싶어요.

면담자 예, 말씀 잘 들었습니다. 다음에는 지금까지의 활동들에 대해서 여쭙도록 하겠습니다.

준우 아빠 예, 괜찮습니다.

3회차

2015년 11월 22일

1 시작 인사말

2 세월호 특별법 제정 투쟁 과정

3 투쟁 과정에서의 아쉬움

4 언론에 대한 비판

5 진상 규명과 세월호 인양

6 유가족들과의 관계에 대한 의견

7 유가족들과 시민들에게 바라는 바

1
시작 인사말

면담자 본 구술증언은 4·16 사건에 대한 참여자들의 경험과 기억을 기록으로 남김으로써 이후 진상 규명 및 역사 기술에 기여하고자 합니다. 지금부터 이수하 씨의 증언을 시작하겠습니다. 오늘은 2015년 11월 22일이며, 장소는 안산시 단원구 4·16기억저장소 사무실입니다. 면담자는 손동유이며, 촬영자는 김재중입니다.

2
세월호 특별법 제정 투쟁 과정

면담자 휴일에 이렇게 시간 내주셔서 감사합니다.

준우 아빠 저도 고맙습니다.

면담자 지난번 구술에서는 준우를 찾고 다시 안산으로 올라오기까지를 여쭈었습니다. 그 뒤로 2014년 5월 하순 되려나요? 해경을 해체한다는 발표가 있었어요.

준우 아빠 대통령 면담 이후지요, 그게. (면담자 : 그런가요?) 예. 유가족 면담 이후니까요.

면담자 그 상황은 진도에서 들으셨나요? 아니면 안산에 올라오셨을 때 일인가요?

준우 아빠 저도 대통령 면담을 했었고요. 그리고 진도에 내려갔을 때 대통령 누구야, 민정수석인가가 급하게 연락이 왔어요. 우리를 미행하다가 고창휴게소에서 [유가족들] 일부는 내려가고 일부는 올라왔다 그랬잖아요? 그 무렵에 일부 내려간 사람들이 진도에서 머무르고 있을 상황이었는데, "대통령 민정수석으로부터 밤에 급하게 연락이 왔다"라고 해가지고, 다음 날이 일요일인지 요일은 정확히 기억은 안 나는데 "만나자"라고 아마 제의를 했던 거 같아요. 그래서 진도에서 급하게 새벽에 총알택시라 그래야 되나 택시 타고 올라왔어요. 그때 뭐 [가족대책위] 수석부위원장 했던 분하고 몇 분이 올라오니까 청와대에서 연락이 왔는데 "일단은 가야 될 사람들 선정하고 또 가서 해야 될 얘기를 뭐 우리 내부적으로 정리를 해야 된다"라고 해서 올라가 가지고 그런 과제를, 토론을 하고 했었거든요. 그래서 그날 오후엔가? 그 버스를 가지고 대통령실에서, 청와대에서 버스를 보냈더라고. 버스를 보내가지고 그게 민정수석비서관인가? 몇 분이 와가지고 같이 올라갔지요, 만나러.

면담자 그때 부모님들이 대략 몇 분 정도 도착하셨지요?

준우 아빠 가신 분들이 한 20여 명은 안 되고 한 10명에서 15명 정도 이렇게 갔던 거 같아요.

면담자 면담 분위기는 어땠나요?

준우 아빠 글쎄, 이게 좀 무거웠어요. 무거웠는데, 사고 초기고 그래 가지고 그래서 전부 다들 대통령이 입장하고 좀 무거운 분위기가 짧지만 잠시 좀 흘렀을 때 제가 먼저 대통령한테 얘기를 했지요.

"이 사고의 크기나 이런 게 굉장히 크지 않느냐? 그런 거에 아이들의 희생이 헛되지 않도록 대통령과 정부에서 좀 최선을 다해서 해달라"는 원론적인 그런 요구를 했었고 그 뒤에 나머지 가족분들이 진상 규명에 대한 얘기도 하고 여러 가지 얘기들을 했던 것 같아요.

면담자 그때 대통령의 발언이나 자세는 어떻게 느끼셨나요?

준우 아빠 글쎄, 그 순간만큼은 대통령의 발언이나 표정이나 이런 걸로 봐서는 '가족들한테 뭐 서운하지 않게 해줄 수 있겠구나' [느꼈어요]. '서운하지 않겠다'라는 거는 보상 이런 부분이 아니고 '모든 걸 가족들이 원하는 대로 어느 정도 이렇게 해주지 않겠나'라는 그런 생각이 들었어요, 사실은. 그리고 그 뒤에 하룬가 이틀인가 있다가 대국민 담화를 발표를 하면서 눈물까지 흘리면서 아이들 이름도 호명하고 그리고 진상 규명에 대한 의지, 해경 해체라든가 이런 거 "아주 파격적으로 개혁을 하겠다"라는 그 메시지를 대국민한테 전달을 했잖아요? 그때까지만 해도 가족들도 면담 이후에 나온 내용이기 때문에 대통령의 태도가 진정성 있어 보였지. 사실은 근데 거기까지였지 그 뒤로는 전혀 뭐…. 그때 대통령이, 대통령께서 "가족들이 필요하면 언제든지 만나주겠다" 또는 "언제든지 오라"든가 이런 얘기들 내보냈잖아요? 가족들은 그걸 또 믿고 있었고. 근데 그 뒤로는 가족들하고 눈 한 번 안 마주친 그런 아주 매정한 대통령이 돼버린 거지. 그리고 그 특별법을 진행하면서 그런 수사권, 기소권에 대한 거를 "헌법을 위배했다"라는 둥, 그냥 아주 어떻게 보면 나쁘게 이렇게 만든 결과가 돼버렸던 거 같아요.

면담자 광화문에서 천막을 치고 시위를 하기 시작한 게 대략 언제쯤부터로 기억하시지요?

준우 아빠 7월, 6월 말경인지 국회에서 그때 지방선거를[가] 야당의 패배로 끝났지요. 그러면서 그 특별법에 대한 게 한층 여당 쪽 입장이 강하게 나타나 가지고 가족들은 "물러설 수가 없다" 그래서 국회 농성에 들어가고. 농성을 하면서 "여기만 하면", 이 국회라는 게 조금 폐쇄적이잖아요. 그 안에서 "많은 국민들한테 알릴 수 없는 어떤 제한적인 문제 때문에 광화문까지 같이 인제 알려야 된다. 거기는, 광화문은 청와대 앞이기도 하지마는 상징적으로 대한민국의 심장부라고 생각하니까 대국민들한테 알릴 수 있는 가장 적합한 장소가 광화문이지 않겠느냐"라고 해서 광화문을 시작하게 된 거고. 초기에는 광화문 농성장을 확보하면서 굉장히 좀 힘들었지요. 공무원들이 막 요만큼도 안 주려고 했던 지역을[공간을] 조금씩 확보를 하는 과정에서, 그나마 서울시장이 박원순 시장이기 때문에 그나마 확보할 수 있었지 만약에 어떤 여당의 시장이 있었다라면 전혀 못 했을 거 같아요.

면담자 서울시가 구체적으로 협조를 해준 게 있나요?

준우 아빠 처음에는 그런 쪽에서 조금 거부를 하다가 나중에는 파격적으로 해준 거지요. 그 정도까지 지금도 유지할 수 있도록 해주는 게 내가 보기엔 서울시의 역할 같아요. 그게 계속 보수층이나 정부 관계자들은 "시민들한테 돌려주라"는 등 엉뚱한 소리를 하면서 없애려고 하는데 그나마 아직까지 유지되고 있는 거는 서울시장이 야당 시장이라서 그러지 않나 싶어요.

면담자 아버님은 그때 국회 농성할 때도 거기 계셨었나요?

준우 아빠 예. 국회 농성이[에] 접어들면서 "뭔가 대안이 필요하다. 이런 식으로 계속 그냥 농성만 해서는 아무 효과도 없다" 그래서 여러 가지 논의를 했어요. "삭발을 하자" 또는 "아이들 영정 사진을 들고 오자" 뭐 "유골을 갖다가 빼오자" 별의별 얘기가 많았지마는 "그런 것들은 대부분 국민들한테 오히려 혐오감을 줄 수 있고 도움이 안 될 수 있다" 그래서 얘기 나온 게 단식 얘기가 나왔어요. 단식 얘기가 나왔는데 단식이라는 게 사실은 이 목숨을 거는 굉장히, 어떻게 보면 막 중대한 결심 중에 하나거든요, 그게 단순히 장난으로 하는 단식이 아니기 때문에. 근데 이 단식이라는 게 어떤 퍼포먼스 성격을 가지고 있을 수도 있거든요? 그거는 그때만 해도 유가족들이 상복을 입고 단식을 하는 그런 모습들이 국민들한테 큰 메시지를 줄 거라는 느낌이 들어가지고 그때만 해도 국회에 한 100여 명 이상 가족들이 올라가서 농성을 하고 있을 때였거든. 그래서 집행부 모였을 때 그런 제안을 제가 했지요. "단식을 하는데 가족들 전체가 참여해서 좀 짧게 강한 메시지를 주는 정도에서 끝내자". 그런 제안을 했는데 제 제안하고는 관계없이 진행은 선발해서 가게 돼버렸어요. 단식을 제안했던 제가 또 빠질 수 없기 때문에 저도 역시 단식에 들어가고. 그리고 나머지 지원자들을 받아서 몇 명이야, 10명, 5명, 15명 정도가 처음에 시작을 한 거지요, 했는데 거기서 5명 정도는 광화문으로. 그때는 김병권 위원장이 5명을 데리고 광화문에서 시작을 하고. 나머지 10명은 국회에서 단식을 시작하게 된 거지요, 그게 단식의 시작이었고.

면담자 그때 요구가 특별법이었나요?

준우 아빠 그렇지요, 특별법이지요. 수사권, 기소권이 있는 특별법 제정으로 일관성 있게 이야기를 했던 거지요.

면담자 특별법 제정 요구가 나올 때 언론이 보상 문제를 같이 섞어서 보도하고 이랬던 경향이 있었던 거 같습니다. 가족대책위원회에서 나오는 유인물 중에서 보상과는 관계없이 수사권, 기소권을 달라고 내보내신 적이 있었는데요. 언론에서 부모님들의 얘기를 잘 받아주지 않던가요?

준우 아빠 그게 보면 굉장히 언론이 좀 나쁜 거지요, 사실은 가족들은 누구 개인 자격으로 그렇게 얘기한 사람은 있을 수 있을지 몰라도 최소한 대표성을 띠는 대책위 차원에서 그런 보상 문제라든가 이런 걸 얘기한 적은 한 번도 없었어요. 그리고 처음에 가족들 내부에서 이런 논의는 있었지요. 아이들 희생이 이게 학사 일정에 따른 희생이기 때문에 의사자를 지정해야 한다는 둥 뭐 여러 가지 그런 [보상금에 대한] 얘기는 있었지마는 그게 어떤 보상 차원의 개념이 아니었고 "아이들의 명예를 지켜줘야 된다" 이런 개념으로 얘기가 있었지. 그런 얘기는 진짜 가족 내부에서 한 줄도 논의되지를 않았던 시기였어요, 그 당시만 해도. 근데 박사님 얘기처럼 언론에서는 보상금이 10억이 될 거라는 둥 뭐 얼마가 될 거라는 둥 이런 얘기를 국민들한테 계속 내보내게 되는 거예요. 그러면 국민들은, 이게 황금만능주의 시대에 살고 있는 이런 많은 사람들은 "아니, 저 사람들은 뭐 로또 맞았네?" 또는 "아이 팔아가지고 뭐 횡재했네?" 뭐 별의

별 얘기가 우리가 인터넷을 접하다 보면 그게 올라오잖아요. 그런 내용을 보면 얼마나 참담하겠어요, 이게.

그때만 해도 가족들 마음은 오로지 아이들에 대한 걸 제대로 조사해 가지고 우린 특별법 이런 게 자연스럽게 잘 만들어질 줄 알았어요, 사실은 발의할 때만 해도. 그리고 발의할 때 여당 대표, 야당 대표, 국회의원들 뭐 숱하게 와가지고 "야, 그래 뭐 너들 원하는 대로 해줄게" 다 이렇게 얘기했거든. 우리는 굉장히 순진했던 거지. '그러면 국회의원들도 오고 여당 대표들도 와서 저렇게 해준다고 하니까 무리 없이 잘되겠구나' 생각하고 진행했던 게 특별법이었고. 근데 이게 뚜껑 열자마자 그렇게 어떤 언론의 그런 왜곡된 보도들 그리고 정치적인 이슈로 등장하면서 여당에서는 마치 그게 가족들의 어떤 월권인 것처럼 대국민들한테 메시지를 주고. 야당에서는 그거를 이용해서 어떤 선거에 선점을 하기 위한 도구로 활용하게 되고. 굉장히 가족들이 논란의 중심에 서게 된 거지요, 그게.

면담자　　아버님 보시기에 특별법이 제대로 되지 않은 근본적인 이유가 뭐라고 생각하십니까?

준우 아빠　　아마 저도 그렇고 많은 가족들이 똑같이 생각하는 것 중에 하나가 그거예요. '뭔가 두려운 게 있는 정부다. 뭔가 감추려고 하지 않겠느냐'. 그렇지 않고서는 그런 조사에 대한, 지금 '특조위'가, 지금 활동을 하고 있지마는 거의 뭐 반년 가까이를 예산 한 푼도 안 주고 활동을 못 하게 해버린 그 특별법을 만든, 법이라는 거는 지키려고 있는 게 법이잖아요. 근데 법을 만들어놓고도 기재부나 이런 데서 예산을 안 내려보내고 이런 거는 결국은 발을 묶어놓은 거하고 똑같거든요, 그게. 그러면 [통과된] 특별법도 굉장히 가족들이 원하는 법이 아니었고 아주 축소된 법이[으로] 만들어졌는데도 불구하고 그것도 못 미더워서 시행령을 아주 굉장히 나쁘게 만들었지요. 정부 관계자들이 직접 들어와서 조사하는 꼴이 돼버렸으니까. 그러면 그런 거에도 불구하고 돈을 한 푼도 안 내려보내고 또 방해를 하고 있다는 거는 상식적으로 아무리 생각이 없는 국민들이라도 이렇게 생각을 해야 되는 거예요. '저거는 정부에서 뭔가 감추려고 하는 거 아니냐. 조사를 못 하게 방해하는 거 자체가' 그렇게 봐야 되는 게 맞지 않겠나 싶어요.

면담자 특별법 투쟁하실 적에 아버님께서도 당연히 참여하셨을 텐데 직책이나 대표성을 갖고 참여하신 게 있나요?

준우 아빠 예, 그때만 해도 대책위 안에서 대변인 역할도 하고 그 안에서 계속 활동을 하고 있을 때였으니까.

면담자 사고 초기에는 생계 문제라든지 이런 부분들을 먼저 고민해서 부모님들께 정보 제공하는 역할을 거의 자임하시다가 시간이 흐르면서 대변인으로 활동을 하신 건가요?

준우 아빠 올라와서도 생계 문제나 심리 트라우마 문제 이런 걸 계속, 제가 그 분과에서 활동하면서 가족대책위 전체에서는 부대변인 역할 이런 걸 하고 했으니까.

면담자 말씀 중에 4·16세월호참사 특별조사위원회 언급해 주셨는데요, 특별조사위원회하고 4·16세월호참사가족협의회하고 의견 교환을 하는 부분이 있나요?

준우 아빠 최근에는 제가 어떤 직업을 시작하면서 그런 가족대책위 활동에 제가 참여를 전혀 안 하고 있거든요. 안 하고 있는데 간접적으로 듣는 내용으로 봐서는 대책위하고 커뮤니케이션은 계속하려고 하지마는 굉장한 어떤 시각 차이가 있다는 그런 느낌은 계속 가지고 있거든요. 우리가 특조위를 구성할 때 우리 쪽 사람들이 더 많이 들어갈 수 있도록 굉장히 노력을 많이 했거든요. 그 이유는 특조위 활동을 가족들이 원하는 대로 하고 싶었던 게 사실 목적이었는데, 근데 특조위에 들어가 있는 사람들이 공무원들 위주로 구성이 되다 보니까 굉장히 활동이 피동적이고 적극적이지 않다는 그 얘기들을 많이 하더라고. 그니까 "가족들은 우리가 믿고 뽑은 사람들인데도 불구하고 그 사람들마저 활동성이 굉장히 소극적이다" 이런 얘기들을 하더라고요. 그래서 그런 것들 때문에 지금도 특조위에 계속 정기적으로 올라가서 전원위원회라든가 이런 회의가 있으면 가족대책위에서 올라가서 모니터링을 하고 하더라고요.

면담자 특별법도 그렇고 특조위도 그렇고 처음에 기대하셨던 거에는 못 미치는군요.

준우 아빠 예. 그래서 그게 보면 우리가 처음에 전략을 세울 때는 이 정권에서 모든 게 해결되길 원했지마는, 시간이 조금 지나면서 특별법도 우리 원하는 대로 만들어지지 못했고 시행령도 전혀 근거 없이 만들어지고, 이런 과정을 지켜보면서 '아, 이 정권에서는 안 되겠구나. 더 긴 시간을 또 기약을 해야 되겠다'라는 생각들을 많이 했었어요, 했는데 문제의 요지는 이런 거잖아요. 예를 들어서 지금 특별법이 발의가 되고 특조위가 활동을 해서 내년도 상반기 즈음해서 종료가 돼가지고 그 결과가 발표가 될 텐데. 그러면 예를 들어서 해수부에 대한 조사를 하고, 다른 관계 부처에 대한 조사를 해가지고 그 결과를 내놓을 텐데, 특별법에다가 특검도 할 거고 다 하잖아요. 증인도 채택을 해서 할 텐데 그 사람들에 대한 결과가 가족들이 생각했던 것만큼 제대로 된 조사가 안 이뤄져 가지고 면죄부를 주지 않을까 싶은 생각이 드는 거예요.

그 이유는 나중에 정권이 바뀌어가지고 다시 우리가 조사를 해달라고 했을 때 '한 번 조사한 것을 다시 조사할 수 없다'라는 헌법상의 일사부재리 원칙이 있기 때문에. 그러면 '오히려 부실한 특별법이나 특조위 활동 때문에 제대로 된 조사를 우리가 못 할 수도 있다'라는 그런 위기감도 동시에 작용을 하는 거지요. 그니까 필요악이라는 얘기가 '필요는 하지마는 잘못될 수도 있다'라는 이런 생각이 드는 겁니다, 이게.

면담자　　이건 좀 어려운 이야기인데, 김현 의원에 대한 이야기를 해주실 수 있을까요?

준우 아빠　　아, 대리기사 폭행 사건이요?

면담자　　네, 불미스러운 일이 보도된 적이 있었잖습니까? 그거는 어떠셨습니까?

준우 아빠　　그 무렵이 그 박영선 대표가 있을 때, 야당에[이] 여당과 2차 합의안까지 나왔을 무렵이었어요. 2차 합의안에 수사권, 기소권은 어차피 배제가 돼 있고 특검에 대한 추천권을 야당이 갖느냐 여당이 갖느냐 이거만 논의가 집중적으로 이루어질 때였는데… 그 무렵에 가족들은 광화문에서 청운동까지 진출을 해가지고 농성을 시작하게 됐어요. 그거는 광화문, 대통령, "직접 대통령 앞에서 가서 요구를 하겠다"라고 해가지고 청운동 가서 농성을 시작하게 됐는데… 그 무렵에 가족들이 어떤 이성적인 판단이 필요한 시점이었어요. 그 이유는 수사권, 기소권을 우리 가족들은 계속 요구를 하지마는 그게 현실적으로 안 될 거라는 거는 대한변협에 있는 변호사들, 시민 단체에 있는 그 시민들, 많은 사람들이 공감을 하고 있었거든요. 그리고 야당 내부에서도 그거는 공감을 하고 있었던 시절이었고. 그러면 우리가 조사권에 대한 거는 굉장히 강화된 조사권을, 역대 어느 특별법보다 조사권이 강화된 걸 만들었기 때문에 빨리 진행하는 것도 하나의 방법일 수 있지요. 조사만 충실하게 해놔도 나머지 증거가 훼손되거나 이런 걸 막을 수 있기 때문에.

그래서 가족들의 이성적인 판단이 필요한 시점이었는데도 불구하고 계속 여당, 야당, 세월호 유가족 세 군데에서 누구 하나라도 그 요구를 했어야 되는데 서로 못 하고 있었던 시기였어요. 왜냐하면 두 번이나 합의안이 캔슬되면서 굉장히 정치적인 부담을 서로들 안고 있었거든. 누구든지 제안을 잘못했다가 거절당하면 치명타를 볼 그런 시기였기 때문에 저는 그 가족 임원들을 설득하는 그 작업을 계속하고 있었어요. 청운동에서 참여연대 사무실에 매일 모여가지고 가족 대책위 반 대표들 해가지고 많게는 한 20명, 10여 명씩 계속 모였을 때 "시기적으로 지금은 가족들이 결정을 해야 된다" 가족들만 결정하면 사실은 쉽게 갈 수 있는 상황이었어요. 쉽게라는 거보다 정치권에서는 가족들의 어떤 판단을 기대하고 있던 시기였거든. "가족들이 수사권, 기소권을 그만 외치고 그 정도 선에서 특검에 대한 추천권만 확보를 해가지고 여기서 특별법을 마무리하자"라는 이런 생각들을 많이 가지고 있을 때였거든. 근데도 불구하고 설득이 계속 안 되고 있을 때였어요. 우리는 "무슨 소리 하느냐. 우린 수사권, 기소권을 무조건 가져가야 된다" 이런 식의 아주 강경한 사람들이 좀 있을 때였어요.

근데 임원들의 설득이 없이 총회를 갈 수가 없거든요. 총회라는 거는 가족들 전체가 모이는, 총회에서 우리가 원하는 안을 요렇게 받아들여 가지고 "받아들입시다" 이게 돼야 되는데 그렇지 않고는 내부 분열이 생겨서 이게 안 되거든. 근데 결과적으로는 그 논의를 하는 과정 속에 있는데 대리기사 폭행 사건이 났고. 그것도 국회에서 가족대책위 이분들은 야당 의원들하고 대표들하고 계속 물밑 작업을 하고, 물밑 작업이라기보다 논의를 계속하고 있을 때였거든. 근데 그러다가 그날 저녁에 어떤 식사 자리를 마련하면서 그 얘기가 생겼던 것 같아요. 근데 거기서도 나중에 후담이지마는 어떤 상황이 가족들 간에 의견 대립이 심하고 그러다 보니까 거기서 막 논쟁이 오고 가고, 국회의원은 따로 앉아 있고. 그러다 보니까 술을 막 폭주하게 되고 이런 어떤 문제가 있었던 것 같아. 그러면서 밖에 나와서 막 술들이 진짜 정신을 잃을 정도로 취한 상태에서 대리기사하고의 그런 불미스러운 일이 생겼던 거고.

저는 그 무렵에 인제 저희 둘째 형님이 갑자기 사고로 돌아가서 가지고 시골에, 장례식 때문에 시골에 내려가 있었어요. 그래서 시골에 내려가 있는데 인터넷에 대리기사 폭행 사건 뭐 해가지고 막 올라오더라고. 근데 뭐 굉장히 안타깝더라고. 이게 저도 아마 그 국회에 같이 있었더라면 같이 합류를 했거나 아니면 나 때문에 못 갔거나 두 가지였을 거 같은데. 내가 거기 있었으면 절대 그렇게 만들지 않았을 거라고 내가 얘기는 하고 다니지만 그건 또 모르는 일이고. 시골에서 그 소식을 접했을 때 굉장히 안타깝더라고.

면담자 일종의 악재였네요. 그 당시에 주로 야당 쪽하고 이야기가 더 많이 오갔나요?

준우 아빠 여당도 김무성 대표도 만나고 따로 그 안에 있는 대변인들도 계속 정기적으로 만나긴 했지마는 주로 우리가, 우리를 대신해서 발의해 준 데가 야당이었거든요. 그게 특별법이라는 게 가족들 이름으로 발의를 할 수가 없잖아요. 발의는 할 수 있어도 직접 국회에서 논의 테이블에 올라가지를 못하니까 야당 몫에 우리 안이 들어가 있는 거지요. 그게 사실은 그렇기 때문에 결과적으로 야당 의원들하고 얘기할 수박에 없는 구조가 돼버린 거고. 처음부터 여당을 우리 안으로 만들었더라면 훨씬 수월할 수도 있었지요, 그게.

면담자 그때 야당 의원 중에 주로 많이 만났던 분이 김현 의원하고, 또 계신가요?

준우 아빠 여기 안산에 지역구를 두고 있는 부좌현 의원이라든가 전해철 의원, 김영환 의원. 뭐 계속 야당 의원들은 거의 다 계속 만났던 것 같아요, 거의.

면담자 박영선 당시 대표도?

준우 아빠 네. 박영선 대표도 몇 번 만나고.

면담자 특별법이 지지부진하게 되면서 서울에서 계속 투쟁을 하시고 전국을 돌면서 선전전을 하시기도 하셨잖아요?

준우 아빠 서명전을 했죠.

면담자 그게 다 동시에 진행됐던 건가요?

준우 아빠 그것도 6월 즈음해서 시작을 해가지고 7월, 8월 막 몇 달간 했던 것 같아요. 집사람도 계속 같이 다니고 그랬으니까.

면담자 세월호 특별법 제정을 촉구하는 천만 서명운동으로 거리 서명과 버스 투어를 전국적으로 했는데, 어디, 어디 다니셨던 기억이 나세요?

준우 아빠 부모님들, 반 대표 위주로 해가지고 부모님들이 막 전국 투어를 할 때 대책위 임원들은 국회에서 거의 상주를 하거나 계속 그런 것 때문에 대외적인 활동은 못 하고 있었지요. 나머지 대외협력분과라고 해가지고 그 분과에서 주축이 돼가지고 각 반의 대표들하고 해가지고 가족 단위로, 반 단위로 해가지고 "오늘은 뭐 7반이 부산을 간다" 뭐 "내일은 대구를 간다" 이런 식으로 나눠서 분업화해 가지고 이렇게 활동을 했던 거 같아요. 저도 중간중간에 한 번씩 가긴 했지마는 계속 대외적으로 활동은 저는 못 했고.

면담자 다녀오신 분들의 말씀을 듣기에 국민들의 반응이나 협조는 어땠나요?

준우 아빠　저도 직접 가보기는 했지마는 그 당시만 해도 긍정적으로 많이 참여를 해주셨고 나중에 결과도 서명을 얼마나 모았어, 굉장히 많이 모았잖아요, 이게. 굉장히 많이 모아가지고 국회에다 우리가 청원을 하기도 했는데, 인제 간혹 그런 얘기도 하지요. 막 그 가족들한테 상처를 주는 얘기를 하는 분들도 더러 있어요. 근데 국민들 생각이 모두 같다고 볼 수는 없기 때문에 그런 건 다 이해를 하지요.

면담자　아까 단식 얘기를 해주셨는데 그때 아버님 단식을 얼마나 길게 하셨나요?

준우 아빠　12일간.

면담자　몸은 괜찮으셨어요?

준우 아빠　몸이 좋아졌어요, 많이 말라가지고. 그때 69킬로[그램]까지 뺐는데 지금 80킬로[그램]고. 근데 제가 위염이 많이 있었거든. 근데 단식 끝나고 나서 위염이 없어진 거예요, 희한하게. 근데 나중에 연구 결과를 보니까 그런 걸 통해서 오히려 체질이 바뀌거나 염증성 질환 같은 게 없어지는 경우가 있다라고 하는 그런 논문이 있더라고요, 한번 읽어봤습니다.

면담자　오히려 좋아지셨다니 다행이네요. 회복을 잘하셨나 봅니다.

준우 아빠　회복은 잘 못했는데, 그게 그때 청계광장에서 집회를 하면서 우리가 '단식한 사람들도 도보로, 국회에서 도보로 청계광장까지 걸어가고 거기서 광화문으로 진출해 가지고 청와대로 간다' 이런 전략이 있었어요. 있었는데 그날 청계광장에서 행사를 마치고 광화문까지는 진출이 됐는데 거기서 경찰하고 대치가 되면서 밤새도록 아주 폭우를 다 맞게 돼요, 가족들이. 저 역시도 단식이 12일 정도 접어들었는데도 불구하고 막 밤새도록 대치하면서 폭우를 심하게 맞고 해가지고 그날 국회로 돌아왔는데 몸이 너무 [안 좋아서], 옷도 갈아입고 했는데도 안 되더라고. 그래서 앰뷸런스 불러가지고 병원에 가면서 단식을 끝내게 됐지요.

면담자 유민 아버지 김영오 씨가 길게 단식하셔서 많이 걱정하고들 그랬었는데요. 아버님도 같이 시작하셨죠?

준우 아빠 그렇지요.

면담자 같은 입장이시라 마음이 안 좋으셨겠습니다.

준우 아빠 목숨을 걸고 하는 거잖아요, 대단한 거거든. 사실은 보통 물 안 먹고 이렇게 해가지고 그렇게 있을 수도 있지마는 사실은 기능이 회복이 안 되면 평생 굉장히 어떤 체질적으로 어렵게 살아야 될 수도 있거든. 그니까 몸을 걸고 했는데도 불구하고 좀 안타깝더라고, 그 결과가 사실은 단식한 결과가 그렇게 좋게 안 돼버렸잖아. 결국은 대통령도 만나지 못했고 특별법도 제대로 만들지 못했기 때문에.

면담자 유민 아버님과 계속 연락을 하시나요? (준우 아빠 : 예) 유민 아버님의 건강 좀 좋아지셨어요?

준우 아빠 지금은 괜찮은 거 같더라고.

3
투쟁 과정에서의 아쉬움

면담자 이러한 투쟁 과정에서 무엇이 아버님을 가장 화나게 했을까요?

준우 아빠 크게는 두 가지로 볼 수가 있는데 하나는 정부라는, 보호를 해줘야 되고 보호받을 권리가 있는 국민들이 그런 거를 막 외치고 다녀야 되는, 서명을 받으러 다니고 그런 현실을 보면 '우리가 OECD 10위권 안에 드는 굉장히 어떻게 보면 잘사는 나라 중에 하난데도 불구하고 국민들은 아직 이렇게 홀대를 받는구나'라는 생각이 들 때가 가장 뭐 화가 나는 거고. 또 하나는 작은 거지마는 우리 가족들 보면 단원고만 한 250명 되고 일반인들 포함하면 304명이지마는 일반인들하고는 얘기한 적이 없어서 잘 모르겠는데 단원고 희생 부모들끼리도 의견 대립이 되면서 그런 게, 물론 모두들 마음속에는 아이들을 위한다고 하는 전제가 있을 거라고 생각은 하지마는, 아까도 얘기했지마는 내가 '수사권, 기소권을 끝까지 외치는 게 아이를 위하는 거냐'라고 이렇게 돌이켜 보면 그렇지 않을 수도 있다는 생각이 들더라고. 근데 그런 부모들의 고집 때문에 자꾸 뭔가 진척이 안 되고 방해받고 또는 의견 대립이 되고 이런 현실들이 너무 그게 안타까워 가지고 결국은 저도 제 스스로 가족대책위를 뛰쳐나왔어요.

나오면서 나쁜 말로 구렁, 우리가 '수렁에 빠졌다'라고 표현을 하는데 '수렁에 빠져가지고 내 스스로 나오지 않으면 계속 더 힘들어지겠구나'라는 생각이 드는데. 제가 사고가 나고 제일 먼저 대구 지하철의 윤석기 위원장이라는 대책위원장을 세 번이나 만났어요. 그 만난 거는 처음에는 사고 초기에서 진도에서 한 번 만나가지고 그 사람한테 조언을 한 번 듣고.

면담자 대구지하철참사 희생자대책위 위원장이신가요?

준우 아빠 예, 위원장. 지금도 위원장으로 계신 분. 14년 됐지요, 그분은. 근데 국회에 있으면서도 그분을 제가 초빙을 했어요. 해가지고 가족들, 임원들 모아놓고 "대구 지하철 참사의 시작과 지금 진행 과정을 얘기를 좀 해줘라". 그 이유는 '그 모습이 가족들의 모습일 수도 있겠다'라는 생각이 드는 거지요. 대구지하철참사 같은 경우는 일반인들 사고잖아요, 학생들 사고가 아니었고. 근데 거기는 많은 대책위가 분열이 되고 의견 대립이 되고 싸우고, 내부 싸움이 심했고 심지어는 막 칼까지 등장하고 굉장히 어떻게 보면 나쁘게 된 재난 중에 하난데 우리 세월호 가족들은 그렇게 되지 않기를 바라는 마음에서 미리 예측할 수 있는 범위들은 예측을 하고 싶어서 윤석기 위원장보고 "오라" 그래서 설명을 해주고 "가족들이 어떻게 해야 되느냐" 이런 것도 자문을 구하고 했는데 전부 다 그런 자리들이 아무 의미가 없게 돼버렸다라는 생각이 들어요.

그게 귀담아들으려고 하지도 않고, 귀담아들은 사람도 없는 거 같고. 근데 그때 당시만 해도 뭐 경황이 없어서 그렇다라고 하더라도 가족들이 너무 감정을 앞세우다 보니까. 지금도 그래요, 사실은. 감정을 앞세워서 될 일도 있지마는 어떤 때는 부모라는 그런 입장을 포기하고 제3자의 입장에서 또는 아주 객관적인 입장에서 판단해야 될 때가 분명히 많이 있거든요. 그렇지 않으면 감정을 앞세운 일들이 결코 옳은 결과를 도출해 내지 못할 거라는 생각이 들더라고. 그래서 지금도 가족들의 그런 내부 갈등이라든가 이런 것들이 계속 존재하고 또 앞으로 확산될 가능성이 있는 거 같더라고. 그런 거를 어떻게 조절을 해줄 수 있는지 그거는 '가족들 스스로가 이게 어떤 반성을 하거나 깨우치지 못한다 그러면 안 될 수도 있다' 라는 생각이 들더라고. '나중에는 아이도 잃고 국가로부터 버림받고 주변의 이웃으로부터도 버림받고 가족들끼리, 상처 난 사람들끼리도 버림받아야 되는 이런 현실이 될 거 같다'라는 생각이 드는 거예요, 그게.

면담자 중요한 말씀이라고 생각이 됩니다. 화가 나는 것과 반대로 지난 1년 이상 그렇게 지내시면서 아버님에게 큰 위안을 주셨던 분들은 누가 계실까요? 팽목항에서는 자원봉사자분들에게 위안을 많이 받았다고 말씀해 주셨는데요.

준우 아빠 광화문에 지금도 올라가면 꾸준하게 개인 자격으로 활동하시는 분들 있어요, 거기에 어떤 시민 사회단체에 소속되지 않고 순수하게 개인 자격으로 회사생활 하고 와서 활동하고 가족들의 집회나 농성이 있으면 와서 참여를 하시는 그런 시민분들이 굉장히 많이 있어요, 의외로. 그분들은 아이들의 희생이 너무 안타깝고 정부에서 하는 행태가 너무 괘씸해 가지고 계속 가족들을 응원하면서 이렇게 활동하시는 분들인데 그런 분들은 제가 한 번씩 올라가면 찾아서 인사도 하고 이렇게 하지마는, 아직도 가족들이 그나마 따뜻함을 느낄 수 있는 이유들이 그런 거 같아요. 그런 사람들이 아주 많지는 않지마는 곳곳에, 지방에 가면 지방대로 또 이런 데 서울에 올라오면 서울대로 이렇게 그런 분들이 존재하고 계속 가족들을 뒤에서 응원해 주고 있는 그런 게 그나마 희망이지 않겠나 싶습니다.

면담자 조직적으로 하시는 분들도 있지요? 민주사회를 위한 변호사모임라든지 4·16기억저장소도 말하자면 그런 거고. 이런 분들도 힘이 많이 되어주시겠지요?

준우 아빠 그렇지요. 변호사들은 두 변호사 단체가 들어와 있는데 대한변협에서는 처음에 우리가 아예 그냥 MOU 체결을 해가지고 들어와 있는 상태였고, 대한변협 차원에서는. 그리고 민변 같은 경우 대한변협의, 이름은 따로따로 있지마는 거의 대한변협하고 하나로 이렇게 들어온 형식으로 있지만… 근데 이 변호사들이 사실은 제가 보는 시각에서는 '역할을 잘 못해줬다'라고 생각하는 부분들이 몇 가지 있어요. 아까도 얘기했지마는 특별법을 우리가 발의를 했지만 대한변협에서 만들어준 법이거든요. 그게 대한변협에서 초기에 누구야, 김희수 변호사하고 유명하신 분들이 처음에 우리한테 "가족들 안이다"라고 가지고 온 게 그거였어요. "수사권, 기소권을 넣어야 된다" 이런 식으로 했는데 나중에서야 이분들도 "많은 걸 얻기 위해서 그걸 넣었다"라고 얘기를 했지마는 결과적으로는 가족들을, 가족들이 법에 대해서 잘 모르잖아요.

처음부터 대한변협에서 와서 법안을 가지고 설명할 때 이렇게 얘기를 했지요. "수사권, 기소권을 가지고 있어야지 제대로 된 조사를 한다" 물론 맞는 얘기에요. 분명히 맞는 얘기긴 하지마는 역대 어느 특별법도 그런 걸 하지도 못했고, 그 강한 여당에서 줄 리가 만무하다 그러면 조금 더 현실적인 법안을 줬어야 되는데 최고의 법안을 만들어갖고 온 거예요, 가장 강력한 법안을. 가족들보고 이걸 확보하라고 숙제를 던져준 꼴이 된 거지요. 근데 아까도 내가 "가족들이 좀 무지하게도 수사권, 기소권만을 끝까지 외쳤다"라고 얘기를 했지마는 필히 거기에 꽂혀 있는 사람들이거든, 대한변협에서 설명을 그렇게 함으로 인해가지고. 그래서 이 변호사들이 그럼 나중에 본인들이 또 책임지고 가족들을 설득해야 되잖아요, 어느 시점에는 "이게 안 된다". 대한변협에서 와가지고, 가족들 다 모아놓고 "가족들이 수사권, 기소권을 그만 주장하시고 이 법을 받아들여서 빨리 조사를 진행해야 된다"라고 설득을 해야 될 것도 대한변협이었거든, 결국은 자기들이 만들었기 때문에. 근데 그런 역할들을 내가 보기에는 충실히 못 해준 게 어떻게 보면 좀 안타까워요. 법률가들이 멘토 역할도 충분히 해줬어야 되는데 단지 법적인 지식만 우리한테 줬지 멘토 역할을 못 해줬던 거 같아요, 그건 안타까운 거 같아.

면담자 연예인 중에도 그렇게 참여하신 분들이 있지요? (준우 아빠 : 예) 아버님이 특별히 기억나시는 분들은 혹시 있으신가요?

준우 아빠 김제동 씨, 김장훈 씨, 가수로는 이은미 씨, 이승환 씨. 지금도 이승환 씨나 김제동 씨나 그런 분들은 가족들을 계속 찾아오고 또 도우려고 많이 노력을 하는 거 같더라고.

면담자 "가족대책위에서 뛰쳐나왔다"는 표현을 해주셨는데요. 그건 힘든 상황의 연장이지, 등을 지시고 이런 건 아니시지요?

준우 아빠　　그렇지요. 등을 진 거보다 그 안에서 사실은 어떤 설득도 하고 심지어는 싸울 일이 있으면 싸우면서까지도 좋은 방향으로 끌고 가고자 하는 게 책임 있는 자세긴 하지만 그런 환경이 자꾸 싫어지니까, 부딪치고 의견 대립이 되고 이런 게 싫어지니까 내가 빠져나온 그런 게 됐지요.

4
언론에 대한 비판

면담자　　4·16 이전과 이후 정치적인 입장, 사회를 보는 입장에 변화가 생긴 게 있으신가요?

준우 아빠　　굉장히 좀 충격적인 게 한 가지 있습니다. 우리나라가 IT가 굉장히 발달이 돼 있고 언론이 지금 굉장히 발달돼 있는 나라 중의 하나임에도 불구하고, 초기의 진도 상황을 제가 진도대교 가는 과정이라든가 이런 걸 설명을 드렸었잖아요. 근데 우리가 겪었던 그런 상황들하고 국민들이 귀로 듣고 눈으로 보는 상황하고는 너무 틀리다라는 게 굉장히, '옛날에 신문을 뿌리고 호외로, 또 라디오로 전달하던 시절보다 더 못 할 수도 있다'는, '더 왜곡될 수도 있다'는 생각이 딱 드는 거지요. 그게 오히려 더 발달된 매체가 악영향을 줄 수도 있다는 생각을 하는 거지요. 좋은 전달자의 역할을 하면 그게 좋지마는 왜곡을 한다 그러면 더 빨리 더 심하게 왜곡을 할 수 있는 게 지금 현실 같아요. 언론의 어떤 폐해 중의 하나가 그런 거 같아요.

그리고 저는 아까도 초기에 저기 뭐야, 집사람하고 전라도, 경상도 얘기를 하면서 굉장히 보수적인 집안에서 보수적인 가치관을 가지고 '무조건 여당을 찍어줘야 돼' 그리고 무조건 그런 사고를 가지고 있었는데 지금은 정치권에 대한 불신이 너무 큰 거지요. 이게 여당, 야당 문제가 아니고 정치권 자체에 대한 불신이 사실은 굉장히 큰 거예요. 왜냐하면 설사 야당이라고 한들 '아주 순수한 마음에서 가족들을 위했을까'라는 의구심마저 들 정도니까. 그러니까 정치권에 대한 불신은 결국은 참여를 거부하게 되고 그러면 그게 악순환이 계속 되풀이되잖아요. 참여를 안 함으로 인해가지고 다시 나쁜 사람들이 등장하게 되고. 그래서 저도 콘서트나 이런 데 가면 어린 학생들한테 또는 시민들한테 매일 외치는 게 "참여를 해서 좋은 사람을 뽑아야 될 게 우리 몫이고 그렇지 않으면 계속 나쁜 사람의 지배를 받을 수밖에 없다. 그거는 우리 아이를 위해서라도 그렇게 우리가 해야 되고 아이들도 성장하면 그렇게 할 수 있도록 교육을 해야 되는 게 부모들 역할이다"라고 얘기하면서도 내 스스로는 그런 회의적인 것 때문에 참여하기가 싫고 이런 이중적인 모습을 가지고 있는 거 같아요, 이게.

면담자 네, 어떤 건지 조금 이해할 수 있을 거 같습니다. 말씀해 주셨던 언론의 왜곡을 구체적으로 경험에 비추어서 설명해 주실 수 있을까요?

준우 아빠 그런 모습들이, 저희가 진도대교에 고립이 되면서 그런 모습들이 전혀 국민들한테 알려지지 않은 문제. 가족들이 왜 거기를 갈 수밖에 없었는지에 대한 상황 그런 거를 언론이 자세하게 보도를 해줘야 되는 게 역할이라고 보거든요. 왜 유가족들이 3일, 4일 굶고 미친놈들처럼 뛰쳐나가 가지고 청와대 가겠다고 나섰는지를 배경을 설명을 해줘야 되잖아요. 내가 처음에 얘기했듯이 서해청장의 그 무기력한 지휘하는 모습이라든가 전혀 또 소통이 안 되고 있는 상황실하고의 관계가 가족들을 너무나 이게 공포로 몰아갔고 그 공포의 결과가 결국은 청와대 가서 대통령을 만나자고 했던 건데, 그런 거마저도 아주 철저하게 가족들을 탈진시키면서 진도대교 앞에 고립시켰던 그런 상황들을, 그 많은 언론들이 그 자리에 수백 명이 있었을 거야. 아마 해외 언론까지 있고 했는데도 왜 그런 것들이 전혀 알려지지 않고 모르고 있는지.

그리고 사고 초기에 많은 조명탄을 쏘고 했다는 그런 것들을 정부 발표만 믿고 그 자리에서 올리는 언론들도, 사실 확인조차도 안 하고 그런 모습들이 너무 싫었던 거고. 오히려 뭐라 그래야 되나, 순간적인 이슈거리를 만들어가지고 자기 언론을 많이 보도록 시청률을 높이기 위한 자극적인, 사고 초기에 가족들이 막 울고불고하는 모습을 근접 촬영을 해서 찍으려고 하는 그런 행태들, 너무 이게 언론답지 못하고 이성적이지 못한 행동들 때문에 화가 막 극도로 난 거예요. 카메라를 부숴야 되고, 막 언론들을 너무 불신해 가지고 쫓아내 버리고 그런 사태가 계속됐었거든.

면담자 진보 언론, 보수 언론 가리지 않고 잘못 보도한 부분이 있었지요.

준우 아빠 제가 손석희 씨 JTBC 얘기를 하면서 사실 확인에 대한 문제를 얘기를 드렸잖아요, 그런 거 같아요. 빨리 내보내는 게 목적이 되다 보니까 내용 자체가 부실해진다는 느낌이 되는 거지요. 그건 진보고 보수 문제가 아니고 언론의 어떤 역할에 대해서 공부를 좀, 공부라기보다 '고민이 덜 돼 있지 않나'라는 생각이 드는 게, 남들보다 빨리 내보내야지 시청률을 높이고 선점한다는 느낌이 너무 강한 거지요. 진보, 보수 문제가 아니고 전체적인 언론사들의 문제 같아. 조금 더디게 내보내더라도 더 정확하게 내보내려고 하는 모습들이 있어야 되는데 여러 가지 문제가 그런 거예요. 막 앞다퉈서 내보내려고 하다 보니까 가족들만을 위해서 내보낸다고 하는 게, 나중에 보면 정부에서 충분히 어떤 역할을 하고 있었는데 가족들 얘기만 듣고 내보내면 정부에선 또 반발하지 않겠는가요? "뭔 소리 하느냐. 우리는 그런 데 있어서 가족들 지원을 충분히 해줬는데 왜 가족들 얘기만 내보내느냐"라고 얘기하는 거하고 똑같은 거잖아요. 가족들 얘기를 들으면 정부 관계자 얘기를 들어보고 같이 내보내든가 아니면 그 중간을 평가를 해서 얘기를 하든가 해야 되는데 그런 식의 언론 행태들이 문제가 있다고 얘기하는 거지요.

면담자 정부에서 보도를 제한한다거나 그런 느낌은 받으신 적이 있나요?

준우 아빠 그런 느낌은 지금도 굉장히 많이 가지고 있어요. 그 언론사들은 뭐 인정을 안 하겠지마는 우리가 네이버 같은 경우도 굉장히 좀 불신하고 있는 것도 그런 거고. KBS, MBC 해가지고 3대 방송사 그거도 마찬가지지요.

5
진상 규명과 세월호 인양

면담자 4·16 참사와 관련해서 '이건 꼭 하고 싶다'거나 '해야 한다'고 생각하시는 게 있으신가요?

준우 아빠 사실은 아마 너무 막 큰 뜻에서 얘기하면 '저 사람들 좀 가식 있다'라고 생각할 분들이 많이 있을 거 같아. 왜냐하면 가족들은 굉장히 서민적이었고 순진한 삶을 살았던 사람들인데 마치 이 세월호 사고 때문에 '안전한 대한민국'을 외치고 다니고 이런 모습들이 조금 가식적일 수도 있어요. 왜냐하면 "언제부터 대한민국을 따지고 언제부터 안전을 따졌느냐" 이렇게 되물을 수도 있기 때문에. 그건 제쳐두고라도 최소한 우리 아이들이 죽은 거에 대한 저기 뭐야, 억울하지 않게 희생됐을 때의 그런 모습들이 아주 정확하게 표현될 수 있는 걸 원하는 거고. 그리고 가식적이라고는 하지마는 이걸로 인해서 두 번의 세월호 사고는 일어나지 말아야 되겠다는 거는 누구나 공감하는 부분이거든. 다시 그런 위기감을 우리보다도 다른 국민들이 더 느껴야, 세월호 가족들보다 세월호 사고를 접하지 않은 국민들이 더 위기감을 느껴야 되는 이유가 거기에 있잖아요.

지금도 박근혜 대통령도 그렇고 정치권이나 여당에서는 규제 개혁이라는 그 타이틀 아래 많은 규제들을 풀어주고 있잖아요. 지금 세월호가 이명박 정권에서 [선체] 연령을 20년에서 30년으로 늘린 시점이 그 시점이었거든. 그러면 결국은 30년도 못 채우고 지금 배 두 대가 다 어디 팔려나간 꼴이 돼버렸잖아. 오히려 기업에 도움을 준 게 아니고 기업에 더 나쁜 영향을 준 결과가 돼버렸잖아. 그러면 그런 거잖아요. 사고가 난 이후하고 이전하고는 뭔가가 달라지기를 바라는 게 저희들 생각인데 그러면 좀 더 안전에 대한 경각심을 더 일깨워 줘가지고 기업 우선이라든가 자본주의 우선이라든가 또는 황금만능이라든가 이런 게 앞서다 보니까 규제를 풀어주고 기업들 돈 벌 수 있게 만들어주고 하다 보니까 큰 대형 사고가 나고 하는 결과가 돼버렸는데 그런 거를 안 났으면 하는 게 가족들 바람 같아요, 그게.

면담자 희생되신 분들 모두가 억울하지 않으려면 진상이 제대로 밝혀져야 한다고 생각하는데, 아버님이 생각하시기에 진상 규명이 될 거라고 믿으십니까?

준우 아빠 진상 [규명]이라는 거는 사실은 어떤 신뢰가 우선돼야 된다고 보거든요. 신뢰라는 거는 조사에 대한 신뢰를 얘기하잖아요. 그러면 사실은 그 결과는 지금 정부 조사 발표보다 못할 수도 있겠다는 생각이 저도 들어요. 그러니까 정부 조사 발표가 우리의 신뢰를 못 얻기 때문에 우리가 특별법을 요구하고 특조위에서 활동을 요구하는 거지, 정부를 신뢰한다 그러면 그런 활동이나 그런 게 왜 필요하겠습니까? 굉장히 낭비적이잖아요. 근데 결과적으로는 예를 들어서 지금 특조위 얘기도 아까 제가 했지마는 그 결과를 신뢰하기가 굉장히 어렵게 지금 진행이 되고 있고. 실제로 지금 진상이라는 그게 구체적인 윤곽이 없잖아요. 예를 들어서 수치로 표현해서 100을 우리가 진상이라고 얘기하면 우리가 80이 됐을 때 "진상 [규명]이 됐다"라고 얘기할지 90이 돼서 "진상 [규명]이 됐다"고 [할지] 얘기할 수 없는 것처럼, 수치로 정확히 보여줄 수 없는 게 진상이라고 보거든요.

그러면 아까도 처음에 내가 언급했듯이 조사에 대한 신뢰만 갖추고 있다 그러면 그 결과가 어떤 결과든지 우리가 수용할 수밖에 없어야 돼야 되거든요. 근데 그렇지 않다 보니까 계속 조사 결과에 대한 불신을 얘기해 가지고 다시 요구하고, 다시 요구하고 악순환이 되풀이되는 거 같아. 결과적으로는 제대로 된 진상 조사라는 거는 확실한 어떤 의지, 국정 책임자의 의지라든가 또는 수사[권]를 가지고 있는 사람들에 대한 의지라든가 이런 게 전제가 돼가지고 우리한테 믿음을 준다 그러면 그 결과는 어떤 결과든지 승복할 거라는 생각이 듭니다.

면담자 알겠습니다. 몇 가지 최근에 이슈가 되고 있는 내용을 여쭤보면요. 지금 상하이샐비지가 인양을 하고 있는데 혹시 내려가 보신 적 있나요?

준우 아빠 예, 한 번 내려갔었습니다. (면담자 : 동거차도에?) 동거차도로 안 가고 실제 인양하고 있는 그쪽에 한 번 들어가 본 적이 있고.

면담자 인양 기간이 생각보다 긴 거 같은데 어떻게 생각하시나요?

준우 아빠 인양은, 제가 작년 5월 달에 아이를 찾고 올라와 가지고 얼마 안 있어 가지고 그때 정부 관계자들을 불렀어요. 불러가지고 인양에 대한 기간, 비용, 방법 이런 거를 저기 뭐야, 만들어놓은 게 있으면 가지고 오라고 해가지고 가지고 왔는데 그때 정확한 부처는 내가, 부처나 담당자는 정확하게 기억을 못 하는데 기록으로 안

남겼어, 일부러. 근데 그때만 해도 인양에 대한 얘기가 가족들 내부에서 언급이 되거나 논의가 되면 큰일 날 상황이었어요. 아무도 그 얘기를 꺼내지 [않고].

면담자 시기가 좀 빨랐던 건가요?

준우 아빠 예, 빠른 것뿐만이 아니고 큰일 날 상황이었어, [아이를] 못 찾은 사람들 많았기 때문에. 근데 그걸 우리가 알아놔야 될 필요성을 내가 느껴가지고 그걸 요구를 했고, 그래서 나중에라도 진행이 신속하게 이루어지기 위한 사전 준비는 필요하겠더라고. 왜냐하면 수색 종료를 선언하고 그때부터 그 준비를 하면 인터벌이 계속 길어지니까 인양에 대한 걸 구체적으로 비용이 얼마나 들며 방법이 어떤 게 있고 시간이 얼마나 걸리는지를 가지고 오라고 얘기했더니 몇 개 업체에 대한 자료를 가지고 와가지고 A라는 업체는 24개월, B라는 업체는 12개월 비용도 뭐 1200억에서 2400억, 기간도 1년에서 2년 다양하게 틀리더라고. 그만큼 사전 검토는 있었어요, 있었고. 작년 11월에 수색 종료를 하면서 그때부터 정부에서는 "조사를 한다", "검토를 한다" 그래 가지고 많은 시간을 낭비했지요, 실제 인양을 시작하기까지는. 근데 그런 것도 굉장히 가식적이라는 게, 제가 작년 5월 달에 벌써 이런 자료를 받아봤다고 지금 말씀드린다는 거는 '사전에 그런 어떤 연구 검토를 했다'라는 얘기가 되거든요. 아무 근거 없이 비용이나 시간이 나왔을 리가 없잖아요.

그게 그런데도 불구하고 작년에 수색 종료를 11월 달에 선언하고 그때부터 인양에 대한 준비 작업, 검토 작업 이걸 또 논의하면서 수

개월을 낭비하게 되지요. 그런 요구도 가족들이 계속 "인양을 해달라"고 외치고 다니고 막 농성을 하고 다니고 하니까 국민들 여론이 '인양을 해야 된다'는 쪽으로 한 70프로 가까이 나왔거든요. 여론 결과가 그래서 '마지못해서 해준다'라는 느낌이 더 강한 거지요. 그러다 보니까 가장 저렴한 중국 상하이샐비지에다가 그걸 주게 되고. 그래서 지금도 청와대나 청운동이나 이런 데 피케팅을 하러 다니는 문구를 보면 "인양을 해달라"는 문구밖에 없어요. 그거는 정부에서 지금 저렇게 행동을 하지마는 가족들은 그래도 불신을 하고 있는 거지요.

면담자 '인양이 안 될 수도 있다' 이렇게 보시는 거지요?

준우 아빠 예, '어느 시점에는 포기할 수도 있지 않느냐. 국민들 여론이 좀 잠잠해지거나 또는 저런 거를 정치적으로 이용하다가 그냥 나중에는 그냥 묻어버리지 않겠나'. 이런 의구심을 계속 가지고 있기 때문에 그 요구를 하고 다니는 거예요. 확실히 우리 눈앞에 드러내기 전까지는.

6
유가족들과의 관계에 대한 의견

면담자 그리고 또 하나 어려운 문제가 교실 존치에 관해 부모님들의 입장 차이가 있는 걸로 알고 있습니다. 그 점에 대해서는 어떻게 생각하시나요?

준우 아빠 요즘에는 가족들 총회를 해도 몇 가구가 안 나옵니다.

이게 보면 막 50가구, 40가구 해가지고, 예를 들어서 250가구 중에 50가구면 5분의 1밖에 안 나오잖아요? 근데 가족들 모두의 의견이라고 하기에는 조금 부실한 부분도 없지 않아 있는데 교실 존치 문제 같은 경우는 저 같은 경우는 이렇게 생각하거든요. 존치라는 의미가 아이들의 어떤 기억을 계속 그 자리에 유지하고 싶은 게 존치라고 한다 그러면 "그러면 엄마, 아빠 죽고 나면 그거 없애도 되겠네?" 이게 어떤 역발상으로 얘기하면 그렇게 되잖아요. 그리고 존치한다는 거하고 관리하고는 연계 선상에 있어야 되거든, 존치가 되면 관리가 또 돼야 되잖아. 근데 10개 반이라 그러면 학교 안에서 굉장한 건물의 한 30프로를 차지한다는 비중이 될 수 있는데 "잘 관리될 수 있겠느냐"라고 이게 되물어 보면 그게 안 될 가능성이 굉장히 많거든. 지금도 가족들 반은 깨끗하게 관리하는 데는, 정기적으로 청소해 주는 반은 잘 관리가 되는 데 비해, 반해서 1년 내내 청소 안 해서 먼지가 쌓인 반도 수두룩해요.

1년밖에 안 지났는데도 이런데 2년, 3년 지나서 가족들이 거리를 두고 굉장히 흉물스럽게 될 가능성이 있다라는 얘기가 되잖아요. 그래서 어떤 물질적인 존치를 자꾸 강조하다 보면 지금 그거가 부모들의 욕심으로 비칠 가능성이 굉장히 많은데, 그런 논의보다도 한 학교에서 250명이 희생이 되었고 그것도 학사 일정으로 희생이 되었기 때문에 교육 당국이나 정부 당국에서 또 학교 당국에서 이 희생에 대한 가치를 어떻게 교육적인 목적으로 쓸 수 있는지, 어떤 형상이 될 수도 있고 또는 필요에 따라서는 교과서에 올릴 수도 있고 다양하게 쓰일 수 있다 그러면 그런 가치를 더 논해야지. 그거를 어떤 교실을 두고 안 두고 기억을 하고 안 하고 이렇게 따져서 될 문제가 아니라는 생각이 들더라고. 그래서 나는 오히려 저런 교실을 방치하는 거는 학교를 좋은 학교로 만든다고 하면 '바람직하지 않다'라고 보거든요. 그리고 오히려 새로 들어오는 학생들 학습 분위기를 잘 만들어주는 게 더 맞는데.

그 전제가 돼야 되는 거는 내가 조금 전에도 얘기했듯이 교육 당국이나 정부 당국에서 "이 아이들의 희생 가치를 어떻게 살려주겠다"라는 가족들의, 가족들 간의 약속을 해줘야지요. 그러면 가족들도 거기에 대해서 공감을 한다 그러면 "교실은 없애도 좋아. 대신에 희생된 가치를 그렇게 보존을 해줘. 우리가 죽고 없어도 유지될 수 있도록 관리를 해줘" 이런 약속이 필요한 거라고 보거든요.

면담자 아버님 말씀 쭉 듣다 보면 어떤 사안에 대해 대립되는 안이 있을 때 아우를 수 있는 절충안을 또 새롭게 모색하고 계신 것 같습니다. (준우 아빠 : 그런 편입니다) 다음에 생겨날 수 있는 가능성이 있다면 거기에 대해 먼저 준비하시고. 아까 인양도 그런 차원 아니셨을까 싶은데요.

준우 아빠 맞습니다.

면담자 언젠간 이 얘기가 나올 테니 누군가는 알아둬야 한다는 측면이셨던 거지요? (준우 아빠 : 예) 그런 입장에서 4·16세월호참사가족협의회의 미래에 대해서도 아버님이 여러 각도로 생각을 하실 거 같아요.

준우 아빠 제가 지금 대책위 임원은 아니지마는 자그마한 역할을 하고 있는 게 그 조직강화팀이라는, 어떻게 보면 조금 비단체 개념으로 해가지고 하나 활동을 하고 있거든요.

면담자 가족협의회 안에서요?

준우 아빠 아니, 협의회 안이 아니고 협의회 사이드에서 역할을 하면서. 거기에는 민주노총의 인제 집행위원장으로 있던 한석호 씨라는 분이 주축을 이뤄가지고.

면담자 그분도 유가족이신가요?

준우 아빠 아니, 유가족이 아니고 민주노총에서 도와주는 분인데, 주 목적이 가족들의 단합을 위해서 뭔가가 필요하다라는 거 때문에 활동을 하고 있는데 저도 그 의견 때문에 들어가게 되었고. 아까 대리기사 폭행 사건 또는 특별법 과정, 여러 가지 이런 [가족대책위의] 사단법인 [등록] 과정, 이런 과정을 통하면서 가족들이 굉장히 내부적으로 분열이 좀 많이 돼 있는 상태[예요]. 지금도 아주 굉장히 내가 보기에는 심하다면 심하고, 어떻게 한편에서 보면 그렇지 않을 수도 있겠지마는 그러다 보면 지금 가족들의 이런 와해…, 와해라고 표현하기보다 분열돼 있는 모습이 결코 아이들을 위해서 바람직하지 않다[는 거죠]. 그거는 아이들을 위해서 추모 사업도 해줘야 되고 진상 규명이라든가 이런 거를 계속 활동을 왕성하게 하면서 만들어 줘야 되는데도 불구하고, 아까 제가 총회에 40가구, 50가구밖에 안 나왔다라고 얘기했잖아요? 그런 게 사실은 내부적인 어떤 의견 대립이나 이런 게 심해지면서 파생되는 문제 중에 하나라고 보거든요. 그래서 그거를, 가족들을 단합시킬 수 있는 방안을 지금 다각도로 모색을 하고 있고 '그런 역할을 할 수 있으면 내가 적극적으로 하겠다'라고 해서 제가 그 역할을 하고 있거든요.

그래서 의견 안 맞는 사람들끼리 어떤 난상 토론도 준비를 하고 있고, 안 맞는 사람들끼리 대화도 만들어주고 싶고 이런 거를 지금 하고 싶고요. 또 중요한 것 중에 하나가 '앞으로의 가족대책위라든가 가족들의 모습을 상상해 본다' 그러면 '결코 뭐 희망적이지 못하다'라는 생각이 자꾸 들어요. 그 이유는 부모들이 우리가 사고 초기에 가졌던 순수한 마음을 시간이 지나면서 자꾸 퇴색돼 버려가지고 오히려 아이들을 위한다고 하는 행동들이 부모들 욕심일 경우가 많다는 생각이 드는 거지요. 그거는 '표면적으로는 아이를 외치고 다니지마는 결과적으론 부모들 욕심 아니냐'라고 생각하는 것들이 여러 곳에서 제가 보고 있거든요. 그러면 저 같이 그런 데 대해서 강하게 대립하는 걸 원하지 않는 사람들은 떠나버리거든, 그게 싫어가지고. 그래서 제가 아까 수렁 얘기도 하고 진흙탕 얘기도 했지마는 '그게 싫어서 그냥 조용히 떠나는 분들이 의외로 많이 생길 수가 있다'라는 생각이 드네요. '그러면 나중에 누구만을 위한 가족대책위고 누구를 위한 대책위가 되겠느냐. 결국은 자기들만의, 몇몇 사람의, 소수에 의한, 강한, 강경한 사람들에 의해서 그런 게 유지가 되고 관리가 된다 그러면 그건 우리가 본도가 전도된 거 아니냐'라는 생각이 드는 거지요. 그래서 '가족들 누구나라도 위안을 줄 수 있는 그런 단체가 돼야지 목소리 큰 사람 또는 강경한 사람들 몇 사람만의 대책위가 되어선 안 된다'라는 게 제 생각이고요.

면담자 부모님의 욕심이라고 말씀하신 부분은 탐욕스러운 게 아니라 자신의 생각이 관철되기 바라는 부분을 얘기하시는 거였겠죠?

준우 아빠　그렇지요. '아이들을 생각한다' 그러면 아이들이 누구예요? 한 반에서 친구 또는 그전에 중학교에서 친구, 유치원에서 친구, 같은 동네 살고 굉장히 다양하게 친구들로 엮여 있는 아이들이거든. 근데 아이들이 없고 부모들끼리 만나다 보니까 부모의 생각을 관철시키기 위해서 자기주장만 강하게 얘기하는 사람들이 너무 많은 거예요. 그러다 보니까 자꾸 대립이 되고, 그걸 합리적으로 생각하고 합리적으로 정리하려고 하는 거보다 제가 아까 "자꾸 감성적으로 일을 한다"라고 얘기한 게 그런 측면이거든요. 이성적인 판단이 앞서지 않고 자기감정만 앞세우다 보니까 대립을 자꾸 불러오게 되고 그러다 보니까 그런 특별법 과정에서, 대리기사 폭행 사건 과정에서, 사단법인을 만들면서 계속 의견 대립이 생기고. 그러다 보니까 그게 싫은 사람들은 안 나오거나 떠나버려요.

면담자　조직 강화를 위한 이런 활동은 가족협의회를 위해서 옆에서 지원하는 입장으로 하시는 거란 말씀이시지요?

준우 아빠　가족협의회라기보다 가족 전체를 위해서라는 개념으로 봐야지요.

면담자　알겠습니다. 처음에도 이걸 여쭤봤었는데 5인방 부모님들하고 지금 아주 잘 지내신다고 들었는데요. 그분들하고는 앞으로 어떠실 거 같으세요?

준우 아빠　제가 처음에 5인방 부모님들 모아놓고 서두에 제가 이런 제안을 했어요. “아이들에 대한 기억을 같이하고 아이들 이름으로 좋은 일을 하는 목적으로 만나야 되는데, 제가 가장 염려스러운 거는 어떤 목적 사업이 불분명하게 되면 만나는 게 무의미해질 수가 있다. 그러다 보면 나중에 그 안에서도 의견 대립이라든가 또는 서로의 신뢰가 깨지게 되면 그런 관계가 오래 유지 못 되기 때문에 분명한 목적 사업을 둬야 된다. 그거는 우리가 만나는 취지 자체가 ‘아이들 이름으로 좋은 일을 하자’라는 목적이 있기 때문에 그런 목적 사업을 구체적으로 어떤 봉사 단체에 들어가서 같이 봉사 활동을 하면서 유기적으로 만난다든가, 구체적인 어떤 안이 없으면 만나서 그냥 얘기만 나누다 술 한잔 먹고 헤어지고 이런 게 얼마나 유지가 되겠느냐” 그건 제가 제일 염려하는 부분 중에 하나였고요. 그래서 지금은 초록우산에 일단 후원하는 거는 사실은 내가 보기에는 어떤 목적 사업이나 또 활동이라고 보기에는 어렵고 우리가 할 수 있는 최소의 역할이었던 거고.

아직도 목적 사업을 정하지 못해서 제가 조금 우려스럽기는 해요. 1년 이상이 지나면서 뭐 숱하게 만나가지고 같이 어울리고 하고는 있지마는 그런 관계가 2년, 3년 유지된다고 보기는 어려울 거라는 생각이 드는 거지요. 그래서 아까도 얘기했지마는 구체적인 목적 사업을 올해 안에는 정해가지고 그런 활동을 통해서 꾸준하게 유대관계를 만들어가는 게 맞지 않겠나 싶습니다.

7
유가족들과 시민들에게 바라는 바

면담자 그렇게 장기적으로 보시는군요. 아까도 말씀 중에 토크 콘서트나 간담회에 대해 언급해 주셨는데요. 마무리로 국민들에게 요청하고 싶은 말씀이 있다면 해주시겠어요?

준우 아빠 콘서트 가면 꼭 제가 마무리 발언으로 국민들의 참여를 많이 얘기하고, 아이들에 대한 교육에 대한 문제를 많이 하는데 그 두 가지 중에 하나가 "올바른 사람을 뽑지 못해서 우리가 지금 이런 참담한 시민으로 전락을 하거나 이런 유가족이 되지 않았느냐"라는 얘기를 하거든요. 그래서 "국민 여러분 모두는 잠재적 유가족이 될 수 있다". 그 이유는 이런 악순환들이 되풀이된다 그러면 어느 누구도 거기에서 자유로울 수 없기 때문에 좋은 사람을 뽑고 그걸 계속 우리가 참여하고 모니터링하는 것만이 민주적으로 그런 문제를 해결하는 방법이지, 어떤 폭력적인 방법이라든가 이런 걸로 인해서 만들 수 있는 거는, 결국은 그렇게 만들어놓은 거는 또 폭력으로 바뀌게 되고 그런 악순환을 되풀이한다는 거는 역사에서 우리가 알고 있는 거잖아요. 그래서 "집에 돌아가면 자녀분들이 중학생도 있고, 고등학생도 있고, 초등학생도 있고 다양하게 있을 텐데, 그런 의식을 심어주는 게 가정교육이고 올바른 의식을 심어줌으로 인해가지고 2년 후, 3년 후에는 아이들이 정치에 참여하면서 올바른 정치관을 가지고 하지 않겠느냐"라는 게 제 생각이었고 그런 얘기를 주로 강조했습니다. 하면서 '어른들의 의식을 바꾸기라는 거는 굉장히 어렵다'라는 생각이 들어가지고.

우리가 세월호 유가족들이 가면 거기 오는 분들은 성향이 분명하게 딱 보이거든. 아주 진보적이거나 또는 아주 시민 활동을 하시는 분들이거나 딱 정해져 있거든. 그니까 거기 오는 분들한테는 굳이 이런 얘기를 안 해도 의식이 비슷해요. 근데 예를 들어서 거기 오지 않는 어떤 보수 단체 사람들한테 가가지고 내가 이런 얘기를 했을 때 받아들이거나 반응이 있어야 되는데 안 그럴 가능성이 너무 많거든. 그래서 '뇌가 성숙된 어른들의 생각을 뭔가 조금이라도 바꾸는 거는 물리적으로 너무 힘들다'라는 생각이 들었고. 그래서 '자라나는 청소년들한테는 아주 올바른 이런 정치관이라든가 교육관을 심어줄 필요가 있겠다'는 생각이 드는 거예요. 지금 우리 학교교육이 보면 대부분 지식 위주의 그런 교육이 이루어지다 보니까 이 아이들이 대학생이 되고 또 졸업하고 군대를 갔다 와가지고 올바른 정치관을 가지고 있는 사람이 몇 명이 없더라고. 전부 다 학교에서 수학 공식이나 영어 단어를 외운 거밖에 없다 보니까.

거기서 사회에 나갔을 때 내가 사회의 일원으로서 해야 될 역할 [에 대한 고민과] 그리고 내가 '올바른 정치관을 가지고 있는 사람들이 얼마나 되겠냐' [생각한 게] 국회에서 농성을 하고 있는데 서울대 총학생회장을 포함해서 17개 학생회장인가를 같이 좌담을 하게 됐는데 "다음 날 광화문에서 농성을 할 때 만 명을 데리고 오겠다"라고 얘기를 하더라고요. 학생들, 회장들이 그렇게 얘기를 하더라고. 말은 그렇게 하면 고맙지요. 근데 현실이 그렇게 안 되잖아요, 다음 날 800명인가 오고 말았거든. 이게 현실이잖아요. 대학생들이 고등학교 시절, 중학교 시절에 그런 지식 위주의 공부를 하다 보니까 우리나라 정치가 어떻게 돌아가든 세월호 사고가 나서 수백 명이 죽든 자기 일이 아닌 게 돼버린 거예요, 남의 일이 돼버린 거지. '그런 교육적 가치를 부모들이라도 자식들한테 가르쳐줘야 한다. 학교에서 못 하는 역할을 부모들은 해야 된다'. 그래서 대화를 하면서 뉴스를 보면서 정치를 가르치는 게 내가 보기에는 지식을 가르치는 거 이상으로 중요하다는 생각이 듭니다.

면담자 네, 마지막으로 제가 여쭤보지 못한 것 중에 구술 기록으로 남겼으면 하는데 혹시 하시지 못한 말이 있으시다면 마무리로 한 번 더 이야기해 주시면 감사하겠습니다.

준우 아빠 예, 제가 한 가지만 말씀드릴게요. 이게 아까도 내가 어떤 신뢰를 바탕으로 하는 결과는 승복할 수 있는 결과라고 얘기했잖아요. 그렇듯이 우리 가족대책위도 그렇고, 결과보다도 과정이 굉장히 중요한 거 같아요. 결과는 우리가 만들어놓은 걸 어떻게 보면 어떻게 억지로라도 끼워 넣으려고 하는 게 결과지. 예를 들어서 우리는 정부의 잘못으로 인정하고 싶어, 또 인정을 해야 될 것 같아 꼭 집어넣고 싶은 게 욕심인데, 그런 결과를 도출해 내기 위해서 억지로 끼워 넣기 식으로 하기보다 '과정이 진짜 중요하다'라고 생각되는 것 중에 이런 거가 있어요. 가족들이, 예를 들어가지고 아까 "가족대책위 앞날이 어떨 거냐?"라고 물어봤잖아요. 근데 '이 과정이 아주 아름답지 못하면 그 결과는 굉장히 추악할 수가 있다'라는 생각이 드는데, 그래서 '아무리 결과가 중요해도 과정을 무시하고 가서는 안 되겠다'라는 생각이 드는 거예요. 가족들의 동의를 구하고 또는 가족들의 여론을 한곳으로 모으고, 그게 과정이잖아요.

근데 '어떤 강한 사람들, 몇몇 사람이 주도를 해서 그런 과정이 생략돼서 나간 결과는 모두가 수긍하기 어려울 수가 있다'라는 생각이 드는 거지요. 그래서 우리가 아이도 잃고 나중에 최소한 희생자 가족들끼리만이라도 손가락질 안 하기 위해서는 그런 과정을 전부 다 좀 잘 만들었으면 싶습니다.

면담자 그런 우려하시는 일이 안 생기도록 다 같이 힘을 모아야 될 거 같습니다.

준우 아빠 알겠습니다.

면담자 긴 시간 말씀해 주셔서 감사합니다.

준우 아빠 예, 고맙습니다.

4·16구술증언록 단원고 2학년 7반 제1권

그날을 말하다 준우 아빠 이수하

기획 편집 4·16기억저장소 | **지원 협조** (사)4·16세월호참사가족협의회
펴낸이 김종수 | **펴낸곳** 한울엠플러스(주)
초판 1쇄 인쇄 2020년 4월 1일 | **초판 1쇄 발행** 2020년 4월 16일
주소 10881 경기도 파주시 광인사길 153 한울시소빌딩 3층
전화 031-955-0655 | **팩스** 031-955-0656 | **홈페이지** www.hanulmplus.kr
등록번호 제406-2015-000143호

Printed in Korea.
ISBN 978-89-460-6762-2 04300
978-89-460-6801-8 (세트)

* 책값은 겉표지에 표시되어 있습니다.